人文诺邓 山水太极

总策划 杨宁 杨健
主编 张剑萍 彭斌
执行主编 曹劲鹄
本卷主编 张伯川

云南出版集团
云南人民出版社

云
龙

图书在版编目（CIP）数据

文化大理．云龙／张伯川主编．-- 昆明：云南人民出版社，2016.8
ISBN 978-7-222-14769-0

Ⅰ．①文… Ⅱ．①张… Ⅲ．①文化史－云龙县 Ⅳ．①K297.42

中国版本图书馆CIP数据核字（2016）第134954号

创意策划： 云南出版集团公司产业发展部
出 品 人： 胡 平
责任编辑： 刘 焰 李 爽 黄景宸
设计总监： 袁亚雄
装帧设计： 云南非鳥文化傳播有限公司
责任校对： 徐 霞
责任印制： 洪中丽

文化大理·云龙

主编： 张伯川
出版： 云南出版集团 云南人民出版社 // **发行：** 云南人民出版社
社址： 昆明市环城西路609号 // **邮编：** 650034
网址： www.ynpph.com.cn // **E-mail：** ynrms@sina.com

开本： 787mm×1092mm 1/16 // **印张：** 16.75 // **字数：** 110千
版次： 2016年8月第1版第1次印刷 // **印刷：** 云南国方印刷有限公司

书号： ISBN 978-7-222-14769-0 // **定价：** 59.00元

如有图书质量与相关问题请与我社联系
审校部电话：0871-64164626 印制科电话：0871-64191534

云南人民出版社公众微信号

苍洱毓秀　文献名邦

（总序）

“苍洱毓秀，文献名邦。”辖十二县市、含十三个世居民族、约三万平方公里的大理白族自治州，不仅是白族人民赖以生存的福地，也是大理各族儿女共同的精神家园。它不仅是中国的，也是世界的。

如果说文化大理是一部内涵丰富、博大精深、蕴藏智慧的书，那么，这部书厚重、久远，写满了传奇、浪漫、和谐与包容，无论从哪个角度来看，它都熠熠生辉，散发着历史的醇香，彰显着文化的魅力，醉人心脾，令人惊叹，让人神往。

透过大理这部传奇之书，我们看到了从新石器时代一路走来的大理，以及5000多年积淀而成的文化精粹和人类文明。

感谢喜马拉雅那场遥远的造山运动，把大理的奇山秀水与青藏高原的余脉连为一体，一脉相承，形成了金沙江、澜沧江、怒江、红河与横断山、无量山、哀牢山等山河相间、气势磅礴的大山大河格局，在造就了“风花雪月”自然景观的同时，也孕育了以苍山、洱海为中心的文明，其

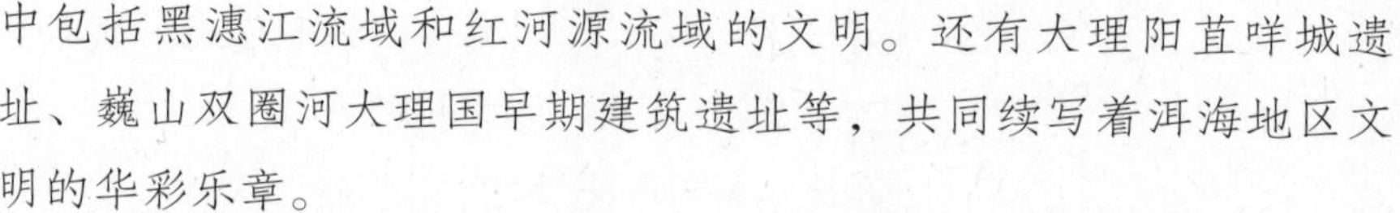

中包括黑澧江流域和红河源流域的文明。还有大理阳苴咩城遗址、巍山双圈河大理国早期建筑遗址等，共同续写着洱海地区文明的华彩乐章。

“九隆创世”“鹤拓大理”的神话尚未远去，洱海银梭岛贝丘遗址的考古成果，已经确立了洱海流域作为云南最早的新石器时代遗址的历史地位。也是在那个遥远的时代，剑川海门口、宾川白羊村曾经创造了云南最早种植粟的农耕文明。还有漾濞苍山古岩画、云龙江河上的古桥梁，以及穿梭在苍山洱海之间的庙宇道观、城池村落、民风民俗、诗词歌赋、饮食服饰，等等，全都成为文化大理的载体，以苍山洱海为中心，辐射开去，供后人领悟，让世人景仰。

透过大理这部立体之书，我们看到了云南的起源，还有南方古丝绸之路和茶马古道的足迹，看到了高耸入云的三塔，感悟到了“文献名邦”的传奇。

追根溯源，正是大理这方厚土最早叫作“云南”。远在西汉时期，在今天祥云县的云南驿一带，就设置了云南县。从此，“汉德广，开不宾，度博南，越兰津……”随着经济的繁荣和商贸的兴起，横穿东西的南方古丝绸之路，在张骞出使西域之前，就正式成型，途经永平的博南古道就是其间最艰险的行程。随后形成的茶马古道，纵贯南北。两条古道作为古代的国际大通道，在大理交汇、交融，互通有无，为物资交流、文化传播提供了便利。千百年来，多少达官显贵、文人墨客、僧侣客商，或匆忙或悠闲的步履往来于此。一路上，不仅成就了鹤庆商帮、喜洲商帮等历代商贾的辉煌，同时，人才辈出，文化灿烂，创造和积淀了同样辉煌的历史文化。

20 世纪 40 年代，在南方古丝绸之路上修筑了滇缅公路，成为抗战最艰难时期物资运输的大动脉。

大理有许多的历史文化标识，一千多年来，屹立在苍山洱海之间的崇圣寺三塔，就是其中最显赫的历史存留。一大二小三座塔形成鼎足之势，布局统一，造型和谐，稳如泰山。大塔又叫千寻塔，塔前朝东的照壁上，有明人沐世阶所题“永镇山川”石刻大字，每字高1.7米，字和塔相互映衬，浑然一体，昭示着大理作为边疆地区的稳固和安宁。其文化内涵和历史寓意，影响着大理乃至云南的过去、现在和未来。

大理文化的另一个标识是大理古城南城楼，以及高悬在上面的“文献名邦”牌匾，不远处的文献楼和五华楼，与它遥相对望。这块由清康熙年间云南提督偏图所书的匾，和那些古色古香的楼，是大理古城的灵魂，“亚洲文化十字路口的古都”，由此辐射开去，放射着耀眼的光芒。

伫立在太和金刚城下的德化碑，是大理历史文化的重要节点。这块碑，穿越唐朝天宝战争的硝烟而来，记述着南诏帝王的伟业丰功，同时，表达了南诏关于天宝战争的苦衷，表明了归附唐室的心迹。

透过大理这部包容之书，我们看到了妙香佛国的祥和，看到了“云南福星”的慈祥，看到了“本主”信仰的力量，看到了儒释道等多宗教的和谐共荣。

南诏大理，一个和唐宋相始终的地方王朝，先人们从唐宋王室那里学到了文韬武略，把信仰当成生活的必修之课，筑寺修塔、凿龛造像、吟诗泼墨，引导了那个时代云南文化的时尚和潮流。

正是这种信仰的力量，创造了南诏大理国绚烂的文化。

剑川石宝山石窟的石刻，宾川鸡足山的“迦叶道场”，祥云水目山的佛身舍利，崇圣寺中帝王皈依的情节，起源于南诏国、鼎盛于大理国的佛教密宗教派，等等，创造了辉煌的雕塑、石窟、摩崖、石刻、绘画艺术。其中“阿吒力”观音造像为云南所独有，被西方学者誉之为“云南福

星”，护佑着云南，光耀着大理。同时，也揭示着那个时代人们的价值取向和思想体系，展示了高超的艺术创作成就。

历史上，大理一直是儒释道并存、多宗教共荣的福地。除了佛教之外，原始宗教和以巍山巍宝山为代表的道观神殿遍布全州各地；以大理古城文庙为代表的儒家祠堂星罗棋布；清真寺和基督教、天主教教堂比比皆是；其他各种原始宗教色彩纷呈。中原文化和民族文化在这里交汇共荣，东西方文化在这里相融相生。

大约是南诏国时代，大理逐渐兴起了本主崇拜。也就是从那时起，本主文化便开始在苍山洱海间世代相传。在大理两千多个白族村落中，供奉着一千多位本主，村民将其视为自己的保护神。那些本主，不仅有当地传说中的各路神灵，还有生活在身边、触手可及的传奇人物，甚至还有被人们赋予使命的某种物品。而那些作为本主的传奇之人，他们并非单独一个人，而是有夫妻、兄弟、姐妹、亲戚、朋友等亲密关系，是一群食人间烟火的神。这种人、神、物合一的宗教信仰，形成了色彩斑斓的神灵世界，正是白族先民的大智慧，使大理具有极大的开放性和包容性，其艺术价值和现实意义，已经超越了信仰本身。

自古崇尚生态文明的大理，还是“多元文化与自然和谐共荣的乐土”。这里有各种飞禽走兽长居于此，苍山洱海间有来自西伯利亚的红嘴鸥到此越冬，巍山隆庆关的“鸟道雄关”，南涧凤凰山、洱源鸟吊山的“百鸟朝凤”，剑川剑湖、鹤庆草海的水鸟欢腾，等等，无不成为自然的奇观。

透过大理这部民俗之书，我们看到了多彩的民俗，小吃可口，节日众多，风情浪漫。

以“赛马、唱歌、做买卖”为主题的三月街，有“东方情人节”之誉的绕三灵和剑川石宝山歌会，有狂欢的火把节，有栽秧节、蝴蝶会、耍海节、祭祖节，这些节日，隔三岔五，总会在不知不觉中走进人们的生活里。另外大理饵块、酸辣鱼、喜洲粑粑、白族生皮、洱源乳扇、巍山炬肉饵丝、永平黄焖鸡、宾川海稍鱼、弥渡卷蹄、南涧锅巴油粉、云龙诺邓火腿等组成的大理特色小吃风景线，极大地丰富着地方的饮食文化，成为文化大理不可缺少的部分，吸引着南来北往的人们。

还有以白族服饰为代表的民族服饰，色彩斑斓，美观大方，展示着一方水土一方人的生活态度；那些以青瓦白墙为主旋律、以“三坊一照壁”“四合五天井”为布局的白族民居，则体现了大理各族儿女的生活智慧；“家家流水、户户养花”，真实地写照了大理人民对生活的热爱和对美的追求；奇妙的大理石天然画，饱含着天地精华和人文情怀，以及各具特色的民族风情，全都是文化大理的重要载体。

透过大理这部艺术之书，我们看到了数不胜数的诗人、作家、学者、艺术家、教育家和科学家，看到了目不暇接的文化产品和精神财富。《南诏奉圣乐》恢宏大气，《张胜温画卷》精美绝伦，《南涧跳菜》粗犷豪放，《小河淌水》荡气回肠，《五朵金花》遐迩闻名，《天龙八部》引人入胜。张叔、盛览的故事已成佳话；郑回、杨奇鲲、杨黼、杨升庵、杨士云、李元阳、杨南金、艾自修、徐霞客、担当、师范、王崧、赵藩、周钟岳、赵式铭、董泽、张子斋、黄洛峰、马曜、张文勋、晓雪、杨丽萍等等文化名人，伴随文化风景一路走来。张伯简、王复生、王德三、施滉、周保中等革命先驱点燃了我们的红色记忆；张耀曾、杨杰续写了民国人物的传奇；“两弹”元勋王希季、“试管婴儿之母”张丽珠等，为新中国的科技事业书写了不朽篇章。挂一漏万的大理历代杰出儿女，他们都是大理或大理文化的代表。

“苍山不墨千秋画，洱海无弦万古琴。”这是玉洱银苍风景的真实写照，也是文化大理的名片，在其中，珍藏着我们共同的乡愁。

“苍洱毓秀，文献名邦。”就这样被赋予了历史的责任和特殊的意义。

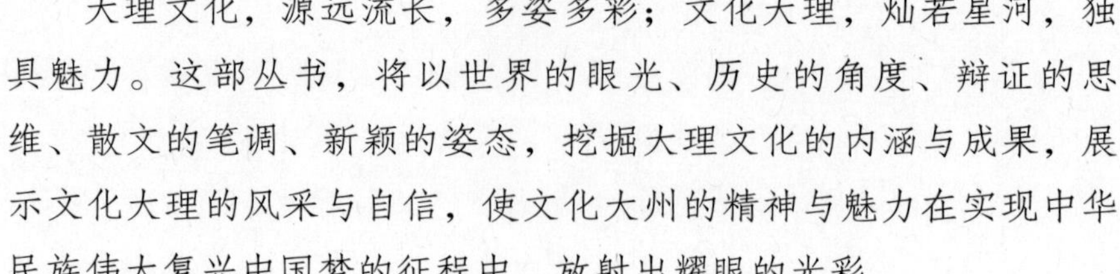

大理文化，源远流长，多姿多彩；文化大理，灿若星河，独具魅力。这部丛书，将以世界的眼光、历史的角度、辩证的思维、散文的笔调、新颖的姿态，挖掘大理文化的内涵与成果，展示文化大理的风采与自信，使文化大州的精神与魅力在实现中华民族伟大复兴中国梦的征程中，放射出耀眼的光彩。

人文诺邓 山水太极

——原生态的云龙与文化的云龙

滇西云岭大山深处淌出一条不算很长的江水，叫沘江，沘江悠悠南流 170 多公里后汇入澜沧江。

沘江中下游交界的地方，江水绕出一个“S”形的大弯，形成一个类似中国道教文化符号“太极图”的天然地貌奇观。在这天然“太极图”中间有一条细细的小河叫诺水河，沿河往上 4 公里有一个名叫“诺邓”的古村。

诺邓和沘江，记载着大理白族自治州西陲的云龙县 2000 多年的历史与人文故事。

“点苍南去钟英地，太白西来建节天”，这是被称为中国第一个“睁眼看世界”的近代历史名人林则徐对他的好朋友、他的前任——清道光陕西巡抚杨名飏的誉语，林则徐认为杨名飏的家乡云龙是点苍山外的一块“钟英之地”。

此言不虚。

从青藏高原一泻千里而来的澜沧江，把大理西陲这片4400平方公里的土地面积切成两大部分：江东，是绵延起伏的云岭山脉西支，蜿蜒舒展的沘江从中直穿南下；江西，纵列着高耸入云的怒山峰峦，其西麓便是那条急湍奔腾的怒江。古称云龙为“山国”，边远偏僻，以及山高谷深、沟壑纵横、气候多样、物种丰富是云龙地理的基本特征。

让云龙更引以为傲的是它悠久的历史。如今云龙境内分布着白、汉、彝、苗、回、傣、傈僳、阿昌等10多个民族，人口已有20.5万人。溯根追源，他们的祖先在这块土地上至少已生活了2300多年。

战国时期的青铜器在云龙境内被发现，证明公元前300年前后有人在此定居。司马迁在《史记·西南夷列传》中描述“西自桐师（今保山）以东，北自叶榆（今大理）。名嶲、昆明，皆编发，随畜迁徙，毋长处、毋君长，地方可数千里”。那些嶲族和昆明族游牧部落所在的数千里地方，正是今天的澜沧江、沘江流域及其东延的地区。

那些古老的部族发现这里产盐。

自汉朝开始，盐、铁的生产、经营直接受国家管控。史书记载汉代云南有三口盐井，其一为比苏盐井，比苏井就是后来的诺邓井。公元前109年，汉武帝征滇后在澜沧江以东置比苏县、在澜沧江以西置嶲唐县，云龙历史由此而明朗。

在唐南诏时期樊绰所记的《蛮书》中，比苏井名称已变成“细诺邓井”，诺邓的井盐是南诏、大理国政权极为重要的战略物资，政府设专门的官员负责盐务管理，盐民在官府监督下生产食盐，由官府定价收购、运输和销售。到大理国后期，又在沘江流域新开顺荡盐井，接着再开山井、大井、师井和兰州井等盐井，一个古代的工业区由此形成。

与此同时，南诏时传称为“云浓深处”的澜沧江西岸地区，历经摆夷、蒲蛮和阿昌等少数民族部落相继经营后，到大理国时因“江上夜覆云雾，晨则渐以升起，如龙”，便有了“云龙赕”的名称。元朝统治时期，这里设置“云龙甸军民总管府”，江西农业开发在几个肥沃的坝子里逐渐扩大。

1381 年，傅友德、沐英大军平定云南，在云南建立了明朝政权的统治。1383 年，在诺邓置“五井盐课提举司”；1384 年，授段保为云龙土知州；1393 年，又设顺荡井、上五井、师井、箭杆场、十二关等巡检司，分授土官管理。

明代澜沧江以东地区，在万历四十二年（1614 年）前不属于“云龙”，那时的江东属于“浪穹县”（即洱源县）管辖；那时的云龙州“澜沧江界其东，缅地接其西”，以段保后人世袭土知州职务。由于段氏不断向怒江西部开拓扩张，明朝后期段氏家族所控的领域已达缅甸恩梅开江流域。后因段氏族人为争袭土职等事纷扰，1620 年明政府实行“改土归流”政策，在云龙州开始设流官理政；同时把江东原属浪穹县的“五井”和各巡检司领地划归云龙州管辖，由此构建出今天云龙版图的雏形。1629 年，云龙州治亦从江西迁到了江东的雒马井。

清代云龙一度出现经济繁荣、百业昌盛的局面，康熙时期整个大理地区 85% 的课税是云龙州上缴的。清初吴三桂之乱结束于云龙各土司配合清军在表村铁门坎剿擒胡国柱的战斗，同治年间滇西农民起义曾使云龙江东一带成为

反复争夺之地，但这些争战未能给云龙经济造成严重的损害。除了盐业经济的兴旺，乾隆年间在白羊厂等地又陆续开采银矿和铜矿，这种建立在工业生产和流通基础上的经济繁荣推动着云龙社会文化的发展。

旧称云龙为“五云”，是指云龙有“五井”即五个盐井。明初五井专指诺邓、顺荡、山井、师井和大井；到清代至民国则把诺邓、天耳、大井、石门、宝丰称为“小五井”，全县实有八个盐井。明清以来，大量内地移民进入五井地区，云龙各家族祖先不少于70%的人迁入此地，其原因都与井盐生产和经营有关。云龙的古代史就是云南移民文化史、云南工业文明史，建立在盐业经济基础上的云龙文化遗产无一不跟古代工业文明的繁荣有关。

鸦片战争以后到民国初年，滇西地区出现了生动的经济贸易场景：英国生产的布匹与五井生产的盐巴在中缅交界的街场上进行交换，来自西方的一些物质和技术已慢慢浸入云龙人的生活中。抗日战争时期，经过滇缅公路的开挖，反法西斯战争中云龙人民表现得不屈不挠。随着滇西北共产党人的奋斗和人民解放战争的胜利，云龙进入了社会主义时期。

历史上的云龙留存下风格多样异彩缤纷的文化现象。有别于洱海周围平坝地区的白族文明，云龙白族文化更多地体现着山地民族的特征。在云龙，佛教、道教及传统儒学文化思想使得它同中原文化有着千丝万缕、息息相关的联系，而本主文化、图腾文化、山地巫俗文化等地域色彩在这里又十分浓厚，至今云龙各地还流传着大量的民间故事、神话传说；还有众多白族、彝族、苗族、傈僳族的山歌、舞蹈以及雕刻、刺绣、编织等民族工艺和传统食品工艺等等。而古村古镇、古桥古道、古庙宇、古墓葬、古碑刻和白剧“吹吹腔”、五井洞经乐以及澡塘会、春牛舞、耳子歌、五井花灯等众多的文化遗存更令人流连忘返。可以认为，云龙物质与非物质的历史遗产形式多样、丰富多彩，它们是中华优秀传统文化在云南边远地区生根发芽的最好诠释。

受中国传统文化的深刻影响，云龙儒、释、道“三教一体”的信仰崇拜非常明显。明清以来，云龙民间既信奉佛教，也信奉道教，特别在宗教活动和庙宇建筑方面，道教风格尤为突出。此外，白族的本主崇拜在云龙也相当广泛。

儒学文化自明初开始即成为“五井”地区市井文化的主流。明末，云龙开始出现学官；清初，各地陆续开办义学，接着又创办了书院。由于教育科举的兴盛，仅清代中后期，云龙就出进士3名，举人23名，贡生、秀才则达上千名之众。云龙儒学崇奉的表现之一是孔庙及文昌宫等庙宇的建立，如诺邓孔庙初建于明嘉靖前的“五井提举司”时期；到明末清初，雒马（宝丰）亦建孔庙。云龙五井祭孔活动礼尚备至，有一整套烦琐的仪规典章。在“仁义礼智信”“修齐治平”等儒家思想的熏陶下，以八大盐井为中心的封建礼教观念日趋浓厚，特别是“万般皆下品，唯有读书高”意识曾一度作为通俗风尚凝固在诺邓、石门、宝丰、天耳、大井等五井民间理念中，偏僻的云龙由此享受了滇西“文献名邦”的殊荣。特别如诺邓村，重教传统从来没有中断，自古以来尊师好学蔚然成风，许多诺邓人虽不善经营，但学问很好，常被腾越一带礼聘为私塾先生。

清初以来，云龙涌现出重要的历史人物如康熙时期的贡生董善庆，如乾隆时期的亚元（举人）黄桂和进士马锦文、黄绍魁，有道光进士黄云书以及嘉庆中举后供职陕西巡抚的杨名飏等人；民国时期，还有曾任北洋政府教育总长的王九龄，有对怒江发展颇多奉献的原云南陆军讲武堂教官杨润兰和对云南教育、交通发展做出重要贡献的东陆大学校长董泽；等等，他们是云龙引以为荣的地方精英人杰。

由于盐业经济的活跃，明清时期"五井"地区的道教思想逐渐扩张，云龙道教文化显示了前所未有的活力，官观祠庙大量出现。至今云龙境内遗存的如石门虎头山道教建筑群、诺邓玉皇阁道教建筑群以及顺荡玄天阁等庙宇建筑绝大多数为道教官观。清代以来，云龙道教信徒众多，著名的道长有宝丰秦道成、诺邓孙道裕等人，还有为数众多的被称为"高公"的火居道士。道教斋醮仪礼和各种宗教活动十分普及，而诸如"洞经会"的活动就是道教"寓教于乐"的一种生动形式。

南诏至大理国时期，边远山区的沘江流域诺邓、顺荡等地已建起了佛寺。密宗信仰延续至明朝中叶，这在顺荡火葬墓群中可得证实。到明朝中后期，禅宗、净土宗等从内地传入，大量的佛寺重新修建，如诺邓"祝寿寺"等等。至清道光前，诺邓玉皇阁就有住持僧上百之众，而石门蟠龙寺、宝丰太和寺、福龙寺、顺荡大慈寺和大井西竺寺等地，僧众之多亦不胜枚举。

云龙的社会风俗文化如盐业生产习俗、农业生产习俗、马帮交运习俗和以儒家意识为核心的礼仪风俗、诞育风俗、婚姻风俗、丧葬风俗、节庆风俗、饮食风俗等等，随着上千年历史的演变，它们都与整个中华民族文化的发展一同发展进步着。

在云龙的非物质文化遗产中，石雕工艺和竹、藤、草编等工艺很有特色，而最有特点的当属山地白族妇女的刺绣品：朴实勤劳的山区妇女在生产劳作或山野放牧之余，手里总有一个活计，那就是刺绣。她们绣出的围腰、抱裙、坎肩、花鞋、挎包、抱被、背带等等，其工艺和特色有别于坝区和集镇地区，底料都是深色的，或深蓝，或深绿，或大红，更多的是黑色；绣出的图案色彩鲜明，艳丽多姿，是一种源于自然、出于劳动的完全地道的原生态文化产品。

云龙不仅有灿烂辉煌的文化遗产，还有着丰富的森林资源、矿产资源、水能资源、生物资源和旅游资源。

风光优美的自然山水，生态盎然的高山、湖泊、森林、草甸、温泉、溶洞、溪流、地貌等景观，把美丽的云龙呈现在世人面前。那古风依旧的诺邓村，那浑然天成的“太极图”，那秀美天池、桥梁古道、山水森林等等，无处不见云龙 4000 多平方公里的大地上天生丽质的原真魅力。

到云龙旅游，首先造访的当然是以“中国历史文化名村”诺邓村为核心的诺邓景区，它包括了诺邓古村、天然太极图、天池、虎头山、沘江古桥、宝丰古镇等众多景观。

“诺邓”是云南最古老的历久未变的村邑名称，所以又称为“千年白族村”。诺邓古村现存 100 多座依山构建、风格典雅的古代民居院落，有玉皇阁、文庙、武庙、龙王庙、棂星门等明清时期的众多庙宇建筑和盐井、盐局、盐课提举司衙门旧址以及街巷、驿路（盐马古道）等古代建筑，还有 200 余株百年古木，有 10000 余件散落在民间的古董、

文物、字画、家具等，另有洞经花灯、传统工艺、节会活动等非物质文化遗产。诺邓，已成为中外游客向往的主要旅游目的地。

除了诺邓古村，还有那罕见的山水地貌奇观“天然太极图”，吸引着无数对太极文化充满敬意的观光客人；还有国家级自然保护区天池，她秀丽的湖光山色和繁茂的森林草甸是那样的旖旎迷人；还有山势雄峻、石壁千寻、危岩高耸的虎头山；有大江小河上修建的形式多样的藤桥、木桥、石桥、铁链桥等古桥梁；有既可洗浴祛病，又可观览奇特岩溶地貌的温泉；等等。

在云龙可品尝到各种各样的美食。电视纪录片《舌尖上的中国》把诺邓火腿推向了荧屏，但云龙的食材不仅有火腿，仅植物类就有各种菜蔬以及天麻、核桃、板栗、蜂蜜、花椒、芸豆、荞面等等；动物类则有牛、羊、猪、鸡、鸭及雉鸡、鲤鱼等等，而云龙黑山羊、天登乌骨鸡等传统特产，很早以前就远近闻名。最具声誉的云龙风味饮食菜品，除诺邓火腿外，还有五井豆腐肠、云蒸八宝饭和红东坡、冻肉、酥肉、豆饼、干拉、熏肉、吹肝、卤杂、凉拌、天麻鸡、八宝菜、腌鸭蛋、土皮菜丝等；此外，还有地方小吃如热豆粉拌烧饵块、荞饼拌蜂蜜等等，美不胜收。

云龙的水能资源是一个显著优势。由于山高谷深，雨量充沛，水流湍急，境内怒江、澜沧江、沘江、空浆河、关坪河五大江河及其支流的水能蕴藏量达320万千瓦。澜沧江水电开发中功果桥、苗尾两大电站都在云龙境内，水能蕴藏达200多万千瓦。

云龙矿产资源开发古已有之。除井盐生产外，全县还有铅、锌、铜、铁、镍、锡、汞、金、银及食盐、石膏、板岩、大理石等金属、非金属矿床点120多个，各类矿藏储量少则上万吨，多则数亿吨。

云龙生物资源极为丰富，各种各样的珍稀树木、奇花异草，繁衍出各种各样的珍稀动物、虫鱼鸟兽。遍布各地的农业作物、家禽家畜、中草药材、天然食品、山珍野味，令人真正品味到这里不愧为横断山中的一块宝地。

云龙物种多样化充分体现在覆盖率达56%的森林优势中。云龙是大理州森林资源最丰富的地区，苍峦叠翠的群山中有红豆杉、滇山茶、水青树、云南榧木、秃杉、铁杉、黄杉、银杏、红椿、滇楠等数十种国家一、二、三级保护树种及总数达110科650多种的木本植物。还有为数众多的竹子、茶叶、核桃、油桐、木瓜、橄榄、板栗、花椒、漆木、桑树和梨、柿、桃、李、梅、杏、橘、枣、苹果、山楂、石榴、香蕉、西瓜、葡萄、枇杷、猕猴桃等经济林果，尤以麦地湾梨、薄壳核桃、无核柿子、大栗树绿茶、大功厂香梨、江东小红花椒等为地方特产。云龙立体性气候和复杂多变的山形水势还为滇金丝猴、白臂叶猴、小熊猫、金钱豹、穿山甲、梅花鹿、孟加拉虎、黑熊、岩羊、狐狸、麂子、獐子、红腹角雉、大天鹅、绿斑鸠、白鹇、细鳞鱼、花鱼、鲤鱼等数百种野生动物的繁衍生息提供了良好的条件。

山野中多的是中草药材和野生食用菌。仅植物类药材就有天麻、三七、黄连、茯苓、防风、当归、首乌、重楼、龙胆草、青木香、刺五加、三棵针等数百种，还有松茸、竹荪、鸡㙡、木耳、香菇、灵芝、牛肝菌、羊肚菌等食用菌两百余种。至于山嵛菜、蕨菜、竹笋、树花菜等各种山茅野菜及兰花、山茶、杜鹃、玉兰等各类观赏花卉在云龙更是十分繁多。

云龙的山水自然，总体可归纳为天然太极的延伸；云龙的人文景致，今天依然可从诺邓古村管窥。所谓太极文化，无论是易道阴阳还是宋元理学，归结的仍然是人与自然之和谐。在历史长河中发现天人合一的伟大，这才是文化云龙的真谛与内涵。

目录 CONTENTS

第一章

千秋盐马道　五云钟磬声

自西汉元封二年（前 109 年）在澜沧江江东置“比苏县”，随后又在江西置“嶲唐县”以来，云龙 2000 多年的历史灿烂辉煌。江东五井地区由于盐业经济的发展一直是滇西的工商重镇，而江西的农耕文明也不断取得进步，尤其境内那条从汉代开始形成的运盐古道，本身就是“南方丝绸之路”的重要组成部分。自明末把五盐井地方划属云龙州后，人们常常把云龙号称“五云”。数百年来这五云地区真可谓文化兴盛、经济繁荣。虽说地处边远偏僻，但它确实不愧为横断山中一颗“物华天宝、人杰地灵”的璀璨明珠。

深山里的文化名村——诺邓古村

云龙县城以北的大山深处有个诺邓盐井，盐井自汉朝开采以来已历2000余年。诺邓井旁边就是诺邓村，唐朝樊绰所写《蛮书》中有“细诺邓井”的记载。《蛮书》成书于863年，历经唐、宋、元、明、清各代王朝，“诺邓”这个名称一直延续至今。

云龙县城往北，7公里可到诺邓。

这是一个有着2000多年历史的山村，更因为“诺邓”是云南境内历久未变的最古老的村名，所以又称它为“千年白族村”。今天的诺邓已成为著名的旅游景区，有一首儿歌这样唱道：

屋连屋，楼搭楼，
一条小河村下流；
远方客人请留步，
走进诺邓游一游。

目前，诺邓古村已被授予“中国历史文化名村”“全国重点文物保护单位”“云南省旅游小镇”“中国最具旅游价值古村落”“中国景观村落”“中国传统村落”“云南三十佳最具魅力村寨”“中

深山中的诺邓

国最美村镇全国六十强之传承奖”“中国少数民族特色村寨”“中国美丽休闲乡村”“云南少数民族旅游特色村”“白族传统文化保护区”等等众多的品牌与称号。村里现存 100 多座依山构建、风格典雅的古代民居院落，有玉皇阁、文庙、武庙、龙王庙、棂星门等明清时期的众多庙宇建筑和盐井、盐局、盐课提举司衙门旧址以及街巷、盐马古道等古代建筑，还有 200 余株百年古木，有 10000 余件散落在民间的古董、文物、字画、家具等，另有洞经花灯、传统工艺、节会活动等非物质文化遗产。

如此丰富多彩的文化遗产与声名鹊起的品牌雅号，使人不得不对这个藏匿在大山深处的古村另眼相看。

古代一般称诺邓村为“诺邓井”或“诺井”，“井”就是盐井。公元前 109 年，汉武帝征服云南，置益州郡，下辖 24 县，其中比苏县即在以诺邓为中心的沘江流域。“比苏”是

诺邓村

僰语，意为“有盐的地方”。诺邓盐井自汉朝开采以来至今历2000余年。1383年，明朝政府设云南四提举司，其中有“五井盐课提举司”，治所即在诺邓。提举由中央政府委派，如现今诺邓村黄姓先祖，乃从内地提举五井而子孙落籍于兹。

从有明确记述的唐代开始，诺邓村的演变发展完全赖于盐业经济的兴衰。南诏时期“细诺邓井”的盐业生产已经具备了相当的规模，到明朝中后期，五井提举司年上缴中央政府的盐课银达38000多两。可见诺邓等五井地区所产食盐在滇西早已负有盛名。由于盐业经济的发达，诺邓村历史上曾一度成为滇西地区的商业中心之一。古代诺邓的商路驿道，东向大理、昆明，南至保山腾冲，西接六库片马，北连“茶马古道”通怒江兰坪、丽江及西藏。其时四方商贾云集，百业昌盛，物尽其美，货畅其流。

乾隆时期诺邓举人黄桂，写了一首描绘诺邓村民居的诗：

双桥填小峡，水细未成河。
叠岸分传径，重楼满集阿。
地高花气少，年熟酒人多。
近有笙琴意，春宵听雅歌。

由于诺邓地处山谷，几面山坡上，到处构建着层层叠叠、密密麻麻、风格各异的民居，院落形式如“三坊一照壁”“四合五天井”“五滴水四合院”“一颗印四合院”等等。由于山势较陡，前后人家之间楼院重接、台梯相连，往往是前家楼上的后门即通后家的大院。村巷村道都是清一色的石板铺就，且三步一阶、五步一台，谁也数不清全村总共有多少级台阶。诺邓村的民居建筑及庙宇建筑都充分体现着人与自然

❶ 诺邓村秋景

❷ 玉皇阁棂星门

的协调适应，其门、窗、梁、架、斗、拱、柱、檐、枋、檩特色鲜明，十分重视整体结构和局部建造的严谨统一，重视传统工艺和雕刻图案的美观精细。诺邓村现存最古老的建筑是“万寿宫”，据记载“万寿宫”原为元代建筑，曾经是外省客商的会馆，明代将会馆改作寺庙。从“万寿宫”演化过程可见宋元以来诺邓经济繁荣情况，而这种建立在古代生产、流通基础上的繁荣又极大地推动着地方社会文化生活的发展。

尽管地处偏僻、交通不便，但明、清两朝诺邓还是文风蔚然、人才辈出。诺邓村的科举，在云龙中进士的为最多（清代三人中诺邓就有其二），举人、贡生和秀才则不胜枚举。目前，仅从几户诺邓人家族谱上查实的贡生就有60余名，秀才则有500多人。在儒家文化的熏陶下，诺邓旧时尊孔习俗相当浓郁。诺邓的孔庙建筑精巧，尤以大成殿和“腾蛟、起凤”棂星门建筑规格严谨细密。过去每年祭孔活动都十分隆重，缛礼繁节，传统的儒家意识形态在诺邓的反映非常明显。直至今天，诺邓村的孩子仍唱着这样的儿歌：

一口井，两千秋，
大青树下凉悠悠；
木牌坊，高又大，
先师面前磕个头。

诺邓村民素有“九杨十八姓”的说法。自元、明以来，江苏、浙江、福建、湖南、江西、山西等地陆续有移民或因经商或因仕宦之故迁来。经过几代人同原居住民融汇，他们既保持着内地的传统习俗，也同当地的主体民族——白族结合为一个新的群体。

在宗教信仰上，白族的本主崇拜在诺邓村还是十分有影响的。除了“本主信仰”，诺邓村“三教一体”特征也非常明显，信奉佛教，也信奉道教，尤其是在宗教活动和庙宇建

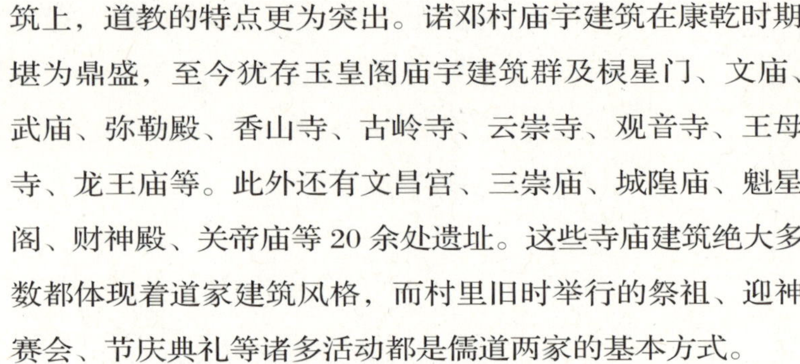

筑上，道教的特点更为突出。诺邓村庙宇建筑在康乾时期堪为鼎盛，至今犹存玉皇阁庙宇建筑群及棂星门、文庙、武庙、弥勒殿、香山寺、古岭寺、云崇寺、观音寺、王母寺、龙王庙等。此外还有文昌宫、三崇庙、城隍庙、魁星阁、财神殿、关帝庙等20余处遗址。这些寺庙建筑绝大多数都体现着道家建筑风格，而村里旧时举行的祭祖、迎神赛会、节庆典礼等诸多活动都是儒道两家的基本方式。

诺邓村现存众多的人文古迹，特别是目前保留完好的古村风貌以及百年以上的众多明清古建筑，深刻地记录着千百年来云南地区在文化、经济、政治和社会民俗方面的历史进程。抢救、保护好诺邓村珍贵的历史文化遗产，在弘扬中华民族精神文化传统中具有重大的研究和应用价值。

诺邓古村旅游价值和景观特色，首先是村中有玉皇阁道教建筑群为代表的众多原真性古典建筑；其次是由明清民居院落群构成的原真性、完整性兼备的古村风貌；再次是民间保留着有相当数量的物质与非物质文化遗产。由此，诺邓成为许多游客向往的目的地。

漫游古村是一种魅力，海内外旅游者到这里休闲、度假，充分体验古村风情和诺邓传统文化。特别经中央电视台《舌尖上的中国》对诺邓盐井和诺邓火腿的介绍后，火腿、豆饼、酱油、盐坨、豆腐肠、麦芽糖等具有民族特色的地方土特产品，吸引着无数游客到这里品尝、体味，享受着在大城市里很难感受到的古老的传统生活。为此，好客的诺邓人编了这首歌词：

古民居，年代久，
我家小院把你留；
一盘火腿请你尝，
一曲花灯跟你走。

古云龙甸的开发

云龙地处澜沧江纵谷区，历史悠久。但以澜沧江为界，从汉朝至明末，江东盐井地区最早称“比苏县”，后来又归大理的“凤羽郡”“浪穹县”管辖。江西地区汉代为“巂唐县”，唐有“云浓”之说，宋代始称“云龙赕”，元领云龙甸，明设云龙州。浪穹五井在明朝后期的1620年划给云龙州。

传说古老的时候，南诏国王听信谗言把劝谏他体恤民情的正直大臣杀害了，并追捕其家属。大臣家属翻过点苍山向西逃亡，他们来到澜沧江边，见前无渡船、后有追兵，在万分危急的关头，一片浓浓的云雾弥漫开来，笼罩在整条江上，那些追捕官兵十步开外就见不到人，只好退去。但官兵一走，云雾也散开了，吉祥的云雾保护着善良的人，逃亡者在江西那片坝子里住了下来。十多年过去了，新的国王为正直的大臣平反，大臣的家眷回到都城，当有人问他们逃亡地点在什么地方时，他们回答：“在云浓深处！”自此这地方就称“云浓”，而后来则写成了“云龙”。古书记载：云龙“其名得于澜沧江……曰：江上夜覆云雾，晨则渐升如龙”，这个记载是直观和真实的。至今云龙旧州一带，清早打开窗户一看，在高山深峡中的江面上覆盖着一片白茫茫的大雾，随着晨光

❶ 鱼米之乡——旧州

❷ 沧江之畔美丽的功果桥镇

透入，水汽上升，江面的大雾渐渐聚拢收成一条条长长的云带向高空升腾，恰如一条白色的长龙在山中游绕，取其名为“云龙”可谓名副其实。

古老的云龙甸就是澜沧江边这一片神奇的土地：上至兰坪的兔峨、下抵保山的坡脚，高山峡谷中不时出现一个个翡翠般的小坝子。这里物产丰富，肥沃的土壤、适中的雨水、温热的气候最利于农作物生长，云龙的先民们就选择在这样一个地方繁衍生息。

史料记载最早开发云龙甸的是被称为“摆夷”的民族。摆夷人“刀耕火种、迁徙无常”，他们“不知岁月，耕种皆视花鸟”，把梅花开放当作新年的开始，而把 12 年开一次的野靛花计为一旬、把竹子 60 年开花一次计为一个花甲，每到杜鹃花开放他们就开始耕

种。摆夷各部内“无官职，亦无赋役”，到公元前200年左右，一个名叫阿苗的头人统一了摆夷各部落。阿苗令其四子苗难、苗丹、苗尾（委）、苗跖分治各地。

在摆夷部落的农耕文明发展时期，汉王朝势力已扩展到滇西。汉武帝在澜沧江东面沘江流域出产食盐的地方置比苏县，在澜沧江西面的哀劳地区置不韦县，后来又在不韦北部置巂（读髓，借古叟族“叟”字谐音）唐县。东汉永平十二年（69年）设永昌郡，下属有不韦、巂唐、比苏及叶榆、邪龙、云南六县，摆夷部落受巂唐的“羁縻”。因比苏县产盐，摆夷部落又靠近比苏，所以汉永昌太守要下属各少数民族头领每年交“贯头衣二领、盐一斛，以为常赋”时，摆夷民族与汉文化的接触已越来越频繁。到三国时期，摆夷头人屏喇开始仿效汉人取姓氏，以“喇”为姓传于子孙后代。

❶ 风清云洁

❷ 澜沧江朝霞

大约到两晋时期，摆夷头人喇鸟沉湎于酒色，腐化堕落。附近的阿昌族头人祝

美联合蒲蛮等部落袭杀喇乌，并灭其家族，澜沧江畔的摆夷部落统治遂告结束，领土尽归阿昌、蒲蛮部落。公元500年前后，阿昌部落英雄早慨率众战胜了蒲蛮部落，取得澜沧江畔的统治权。自此，“众夷皆供服，岁贡物产以为常”。

从早慨开始，澜沧江西岸地区的农牧业发展愈益进步，而商业贸易活动也广泛出现了，“慨传十余世，其地愈拓、其民愈众，金齿（今保山）僰国（今大理）商人皆通”。早氏历代酋长不断向怒山西面拓展势力，到唐代南诏时期，其控制领土已远过怒江和高黎贡山，直抵伊洛瓦底江上游的恩梅开江乃至迈立开江流域；“蛾（阿）昌蛮，即寻传蛮”，南诏国王阁罗凤“西开寻传”后，把这些地区全部纳入南诏的统治范围。

宋代大理国时期，澜沧江西岸早氏酋长的领地被称“云龙赕”，受永昌府管辖，“有早疆者，大理王段氏遣人抚之，疆降，受其诰命，岁有常贡”。早疆统治时，已有许多外地客商和其他外来人口进入云龙赕，流落这里的客商始教当地土著居民在坝子里开垦新田、种植水稻，“积岁累丰稔”。由这些外地人口带来的先进农业技术和文化，极大地促进了云龙赕经济社会的发展。

1253年，忽必烈革囊渡江灭大理国，云南纳入了元朝的统治范围。元政府置云龙甸军民总管府，以羁縻早氏及阿昌等族部落。此时云龙甸农业生产

❶ "云龙"

❷ 澜沧江畔美如画

更趋发达，且与江东诺邓、顺荡等盐井地区的联系也日益密切，是诺邓盐井向永昌地区行盐的重要通衢，地方生产力迅速发展。元朝后期，阿昌奴隶主贵族生活糜烂，酋长早褒昏庸，客居云龙甸的段保、李贯章二人做早褒幕僚，早褒听任阴险奸猾的李贯章而斥弃段保，结果被李谋害，早氏灭亡，阿昌部落统治澜沧江流域遂告终结。

1381 年，灭元后的明政府派傅友德、蓝玉、沐英率大军平定云南。曾客事阿昌酋长早褒的段保本是大理国主段氏支裔，段保遭斥后投奔明朝大军，为明军攻克大理、西进云龙做前导效力并立下战功。1384 年，明政府授段保为云龙土知州。

云龙州的设置使澜沧江流域土著部落同内地政治、经济与文化的融会交流更加密切。段保担任云龙知州不久，率云龙各部参加了明政府平定佛光寨叛乱的战争，并生擒叛首、剿平叛寨，朝廷嘉奖，特令段氏世袭土知州职务。

段保之子段海袭任云龙知州时，当地已经"田亩日开、客商日众"。此后，随着内地人口不断涌入，汉族地区先进

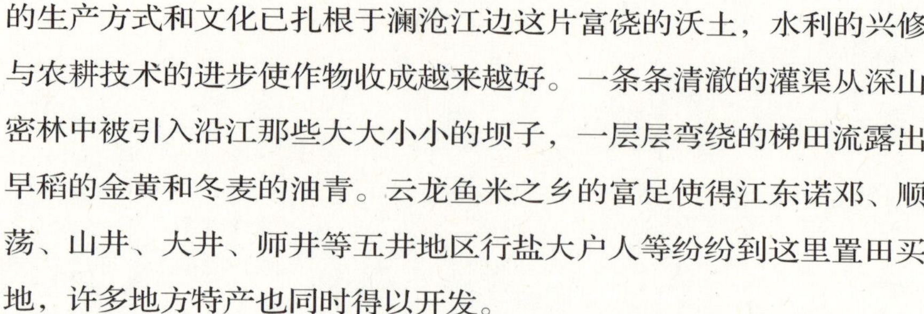

的生产方式和文化已扎根于澜沧江边这片富饶的沃土，水利的兴修与农耕技术的进步使作物收成越来越好。一条条清澈的灌渠从深山密林中被引入沿江那些大大小小的坝子，一层层弯绕的梯田流露出早稻的金黄和冬麦的油青。云龙鱼米之乡的富足使得江东诺邓、顺荡、山井、大井、师井等五井地区行盐大户人等纷纷到这里置田买地，许多地方特产也同时得以开发。

明朝后期，先有云龙段氏土知州支裔段嘉凤图谋袭职造反起事，被政府征剿平定；后又有段氏支庶段进忠拥兵割据、聚众闹事亦被剿亡。明泰昌元年（1620 年），明政府开始在云龙州实施“改土归流”政策，派流官担任知州，段氏土司的政治权力削弱。明末清初，段氏后人仍为六库、老窝、登梗、卯照等地土司，直至 20 世纪废除。在段氏数百年的治理下，云龙的农业生产力发展确实有了前所未有的进步。

古盐井与云龙县城的变迁

从明朝末期“改土归流”建云龙州署到民国初期短短300余年内，云龙的政治、经济、文化中心州署或县城就经过了三次搬迁。先在旧州三七村筑城置州署，后以盐课为要务而迁到宝丰井，最后才搬来石门井。

澜沧江的东面支流沘江流域集中着许多盐井。

这些盐井的地域行政区划，大理国时为“凤羽郡”所属，此后再归“浪穹县”管辖，一直到明朝后期的1620年，才把浪穹县的“五井”地区划给了澜沧江西面的“云龙州”来管辖。

明朝的云龙州是一个由土司世袭管理的土州。这种土司世袭制适应了中央政府的“羁縻”政策，但越到后来越显得弊端重重，政府只得实行“改土归流”。1620年开始在云龙州设流官理政，收回了土司手里的地方行政管理权。云龙州的首任流官为贵州举人周宪章，这是一位很有作为的知州，他在澜沧江西面凤翼山下的三七村筑城，建州署、办学宫，做了不少基础性的工作。

然而，三七城的云龙州署仅存在了7年。已取得五井地

❶❷ 旧州

❸ 旧州——澜沧江风光

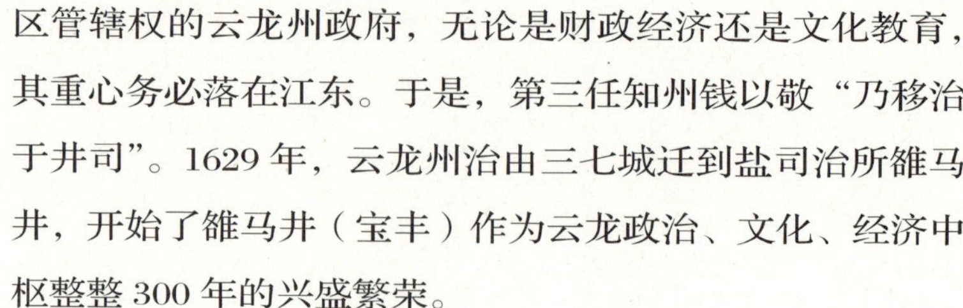

区管辖权的云龙州政府，无论是财政经济还是文化教育，其重心务必落在江东。于是，第三任知州钱以敬“乃移治于井司”。1629 年，云龙州治由三七城迁到盐司治所雒马井，开始了雒马井（宝丰）作为云龙政治、文化、经济中枢整整 300 年的兴盛繁荣。

雒马盐井是明朝中期正式开发的，其时大理等地的赵、董、尹、杨诸氏陆续至雒马探寻卤脉，在沘江右岸前前后后共掘出四五个盐井。到嘉靖年间，雒马井的盐产量增加了，朝廷又将原设在诺邓的五井盐课提举司治所先迁大井，再迁雒马。崇祯二年（1629 年）云龙州治亦迁雒马井后，盐业更旺，从旧州署搬到新州署，“粮课征输，上下咸便；诸生释菜肄业，不致裹粮而涉；于以统摄八井、控制诸彝”，整个气象焕然一新。

雒马井山川地形“两面皆山，中通一水，真所谓以山为城、以水为池”。在冷兵器时代，这种地形不筑防守城墙就是个当然的城堡。云龙州迁治不久，虽遭遇明末清初的政治变化及吴三桂叛乱等大动荡，但五井盐业经济发展元气未伤。到康熙时期，云龙州上缴课银 6000 多两，当占大理府总课的 80% 以上。

由于五井地区盐业经济的兴旺，乾、嘉、道时期的云龙文化教育事业取得了更多发展，云龙科举上的三名进士就在此时产生。

清代的雒马井已雅称金泉井，金泉井周边风光优美，那蜿蜒曲折的沘江疏出了“金线吊葫芦”“鲤鱼跃龙门”的形象风貌。沿岸山水间还有“灵岩佛影”“石城温泉”“彩蝶戏珠”等天然景观。江东雄峻的大小雒马山与江西的德隆山遥遥对应，一座以江心巨石为砥柱的风雨廊桥横跨两岸。除了州署、学宫、书院等建筑外，大量的寺观庙宇如太和寺、放光寺、玉皇阁、真武观、三崇庙等等

也兴建起来了，州治人口日益增加，集镇日益繁荣。从州治北通八井各地，东往大理府城，南下夷方金齿，西行旧州黑水的驿道交通畅行无阻。

清代后期，滇西杜文秀起义及云龙天登傈僳族起义等事件接连发生。到民国初年，滇西各地又频繁出现匪患，给云龙经济社会发展造成了一定的影响。在辛亥革命后的1913年，云龙改州为县，云南军政府委派年仅24岁的同盟会会员丁润身担任云龙县首任县知事。年轻有为的丁润身具有强烈的改革精神，刚刚脱离封建王朝统治的云龙县在他3年的治理下风气大振。

此时县城所在的金泉井，被称为宝丰井。

但从民国初期开始，关于县城的搬迁又成了云龙地方各

宝丰古镇

1

界士绅经常讨论的一个议题，主要有迁漕涧说、迁石门井说、回迁旧州说和保留宝丰井说四种。主张迁漕涧者提出“为巩固国防（靠近片马）计”；主张迁石门者提出石门井为“五井”中心地带，便于经济交流；主张回迁旧州者提出云龙县应该“以农为本”；而主张保留宝丰者则认为宝丰井300年政通人和、繁荣稳定，不必搬迁。争议持续了十多年，直到1928年段作霖任云龙县长，这才决意把县城搬迁到石门井。

石门盐井和宝丰盐井的规模性开发主要产生于明嘉靖年间，而石门井的村邑扩展则有一个循序渐进的过程。明末，这里人口还不多，主要以名为“龙泉”的盐井为中心，周边有十多家“灶户”人等，当时更多的人户还是集中在离龙泉村不远的“大井”。直至清初，目前石门最大的杨氏家族先祖杨寅儒才从雒马井迁居到石门井，他迁居的原因是为了“让家产给兄弟，自己隐居不仕”。可见当时这里还是个适宜隐居的地方。杨寅儒“筑室经营”的地点，因其后人杨名飏出任陕西巡抚授正二品资政大夫，而杨名

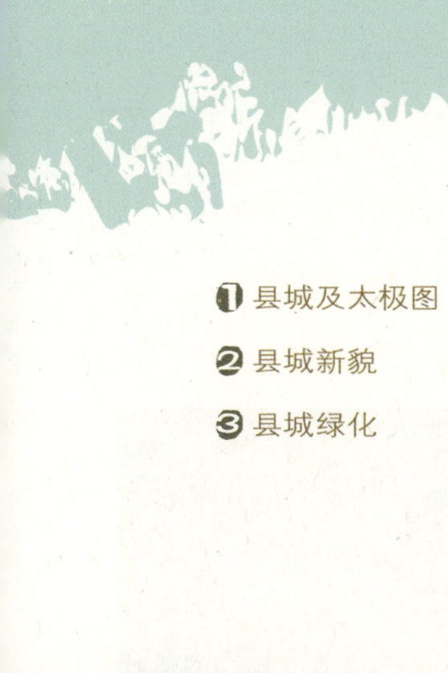

❶ 县城及太极图

❷ 县城新貌

❸ 县城绿化

飏号“崇峰先生”，云龙人就将此地称“崇峰村”。1837 年杨名飏致仕后，又开辟“小海子”一带作为自家宅院。

从杨名飏任陕西巡抚时开始，石门的村镇规模和人口开始大为增加，从盐井延伸到“盐地街”一带再接至崇峰村前的道路拓长了，狮尾河东南面也出现了一些人户。特别是“彩云书院”的创办和一些寺观庙宇的兴修，使得石门井的地方变化日益明显。但整个清代，这里依旧归属于治所在大井的“上五井里”管辖。

县治搬迁到石门井后，因经费原因，政府无力大建，只好利用彩云书院办公，而在彩云书院旁另辟新舍筹建县立中学，也就是云龙一中的前身。与此同时，石门井的民居建设也逐渐由东往西移动，中心地带为“桑树园”和杨家大宅院。1931 年，为方便四乡的集市贸易，乃在县政府门外开辟了一

❶ 云龙县城夜景

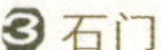
❷ 七彩城乡

❸ 石门

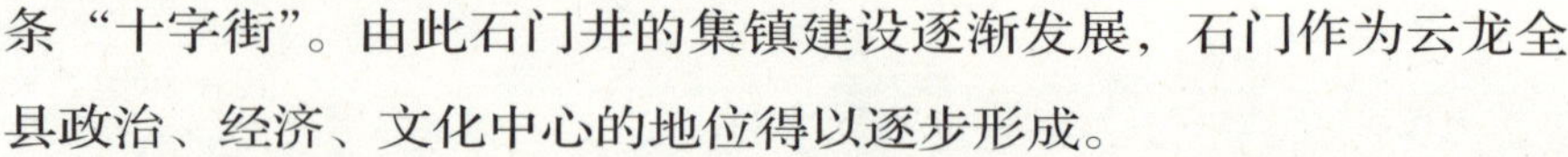
条“十字街”。由此石门井的集镇建设逐渐发展，石门作为云龙全县政治、经济、文化中心的地位得以逐步形成。

20 世纪 50 年代开始，石门井原杨家宅院房产多已归公，城区建设这才开始逐步向西北拓展。但真正规模性的建设是在 70 年代以后，形成了大致以“江东桥”划界的新旧分明的新街、老街两大片区。后来，新街区不断往西、南、北方向的河滩、农田和荒地发展。1987 年，第一个县城建设规划编制出来后，20 世纪 70 年代由县级机关在东面河滩上开发出来的“大寨田”以及北山下小学校周边一带土地也被利用起来，集镇又进一步向新开发区直至果郎新区一带扩展。由此，一条又一条新街道产生了，云龙县城的区域和面貌也一天又一天地发生着崭新的变化。

今天，虽然盐井和盐业经济已不再是云龙的经济支柱了，但它在云龙历史上的辉煌与贡献当永垂青史。

尽责的土司

云龙是一个多民族聚居的地方，有白、阿昌、傈僳、彝、回、苗、傣、汉等8个世居民族在这里繁衍生息。元、明、清以来各个朝代在少数民族地区推行授予少数民族首领世袭官职以统治该族人民的土司制度，云龙在相当长的历史时期就存在这种土司制度。

我国历史上的土司制度创始于元代，完备于明代，用于封授给西北、西南地区的少数民族部族首领。元代创“蒙夷参治”之法后，在地方政权中逐渐以官职授土人酋长。在少数民族聚居的府、州、县任命土酋夷长为官，土司职官有：宣慰、宣抚、安抚、招讨、长官诸司。元朝的土司有宣慰使、宣抚使、安抚使三种武官职务，还有土总管、土府同知、土通判等元代在云龙设“云龙甸军民总管府”，云龙县境内一直到六库、兰坪等地都归“云龙土知州”管辖。

明洪武十四年（1381年），朱元璋亲自部署调集了30万大军，任命傅友德为主帅，蓝玉为右副帅，沐英为左副帅，进军云南。云龙部落早氏酋长的管家段保率领云龙土人前往军前效劳，在攻克大理中立有军功。沐英等人奏请皇帝，将元朝设立的“云龙甸军民总管府”改为“云龙州”。于洪武

旧州段氏土司祠堂

十五年（1382 年）授予段保云龙土知州的世职。同时，在云龙各地都普遍设立了土司，委任土官治理。现在兰坪的大部分地区和六库一带，当时都归云龙州统辖。因此，后来在清乾隆年间设置的六库、老窝两土千总，均受云龙土知州的节制。云龙的土司，多数是当地少数民族首领率众归附而被任命的，也有一些则是跟随沐英等人在征战云南中立有军功而被任命的。因此，云龙各地土司中，有很多是外地人，例如箭杆场字氏土司，是原籍武定的彝族罗婺人，随明军攻克大理而被授予箭杆场土巡检世职；有一些本来还是汉族人，云龙有很多白族人家的家谱中说自己的祖先来自“南京应天府大石板柳树湾”，就是由于这些人的祖先中有跟随沐英等人征云南后落籍并融合于当地白族等少数民族中。这样，就在云龙确立起了从明代洪武十五年（1382 年）开始直至天启元年（1621 年）

❶❷段氏土司祠堂

“改土归流”时的长达239年的土司制度（有的地区例如六库等地甚至一直延续到新中国成立前夕，长达576年）。

云龙县是大理州境内土司设置最多，土司制度延续时间最长的地区。云龙县在明朝平滇后即设立土知州，到了明朝万历年间虽改设流官，但最终难以达到对全境的治理。所以，云龙的土司时改时设，一直延续到了近代。土司制度是在汉代的中原王朝对边疆少数民族地区实行“羁縻之治”的基础上，后经元、明两朝逐渐发展完善的一整套对少数民族地区实施治理的制度。是用“以夷制夷”的方式，让当地民族的首领在中央王朝的号令下，“从其俗”地管理本地区民族，达到在少数民族地区建立长久稳固的统治。云龙境内设置土司，推行土司制度始于明朝，明洪武十五年（1382年）平定云南后，为了稳定局势，团结云南各民族的上层，明朝纷纷封赏在平滇战争中率先归附，或是立有战功的少数民族首领，授予其土职。在云龙除授予段保为云龙土知州外，还设立了九家，共为十土司。分别为：云龙州土知州段保、漕涧土千总左纳、箭杆场土巡检字忠、十二关土巡检李智、师井土巡检杨胜、十二关土巡检张成、顺荡土副巡检李良、上五井土巡检杨惠、山井盐课司土副使杨坚、顺荡井盐课司土副

使杨生。到了清代，又衍增出五家，分别为：六库土千总段复健、老窝土千总段维精、登埂土千总段联第、卯照土把总段联甲、明光茨竹寨土把总左正邦。这些土司的职衔有土知州和知盐课司土副职、土把总等。

历史上，在云龙，土司官秩有土知州、土州同、土巡检、土舍等文职；有土都司、土守备、土千总、土把总、土目等武职。土司都是世袭的，一般都是父子相授，即子继父职。凡是没有儿子的，一般由弟承继，也有的由侄子承继，还有以嫡妻（原配）承袭的。在明清两代，凡是袭职的，都要上报中央王朝核准。凡土司，每两年或者三年，要给朝廷进贡一次，并且各自按照当地出产的土产、谷米、牛马、皮布折算成银两，统计上报到朝廷的吏部。土司对当地的少数民族的统治十分残酷，土官及其一家过着穷奢极欲的生活。处于土司统治下的少数民族群众却连人身自由和起码的生存条件都得不到保障，受尽剥削和压迫。因此，在云龙，曾经先后发生过漕涧白族首领何天恩、天登傈僳族反抗土司统治的斗争，打击动摇了云龙的土司统治。“以夷制夷”的政策对维护封建统治有利，但是也严重地阻碍了少数民族地区生产力的发展，阻碍了社会的进步。

《云龙记往·段保世职传》记载，明洪武十四年（1381 年），段保回四川途中，听到明太祖朱元璋派兵征讨云南，傅友德、蓝玉、沐英已破云南，移兵大理的消息，就返回云龙，招募了少数民族士兵 40 余人，投奔沐英，跟随沐英进攻大理。闰二月，明军击溃了元行省平章段氏及大理宣慰段明兄弟二人的部队。接着“分兵取鹤庆，略丽江，破石门关（在丽江），下金齿（今保山）；由是车里、平缅（今德宏一带）等处相率来降”。云南全省平定。于是，段保回云龙，在云龙开始行使管辖权。洪武十五年（1382 年），沐英奏请朝廷委任段保为云龙土知州。段保任命随自己从征的头目分别到这些地方，对当地人口户籍进行登记，多次呈献到沐英那里。当时，大理等地赋役繁重，人们纷纷为逃避苛捐杂税来到云龙。所以云龙的人口渐渐多了起来。土地也大量开垦出来。段保就像正式设立有州县一样，收租收税，开田种

❶ 炼登雪景

❷ 顺荡古村

粮，接受明王朝的政令。

随着明清两代云龙地区盐业的发达和银矿、铜矿、铁矿等的发现和开采，云龙地区出现了“商旅辐集”的盛况，工商业兴盛起来，出现了商人屯垦，外地汉族商人大量涌入云龙经商和开矿。社会经济状况和生产关系在集镇地区和工商领域出现了重大变化，土司的农奴制土地所有制和与之相适应的农奴制经济制度逐步解体；也由于土司制度生产关系的落后性和反动性，农奴不断反抗，致使云龙的土司制度在天启年间水到渠成地走到了崩溃的地步。天启元年（1621 年），由于政治、经济的深刻原因，在云龙实行“改土归流”，也就成了必然的趋势。“改土归流”这一政治措施于清雍正年间在云贵总督鄂尔泰的建议下，更是积极推行。而云龙的“改土归流”却早在明代末年就已经开始了。当时的云南封建统治者认为“三江以内宜流不宜土，三江以外宜土不宜流”。因此，位于澜沧江以东的云龙境内各土司和云龙土知州在天启元年（1621 年）以后逐渐被废除，而代之以流官管理；而澜沧江以西的土司仍然继续存在。而且，在清乾隆年间，又设置了六库、老窝两土千总。“改土归流”以后，在原土司地区实行与汉族地区相同的政治制度，例如实行丈量土地、征收赋税、编查户口、组织乡勇等，加强了边远地区和内地的经济文化交流，也

❶ 民居

❷ 美丽田园

加强了中央政府对于边远地区的统治。民国初年，在六库成立了泸水设治局，六库等地从云龙县划分出去。《新纂云南通志》记载："民国初年，李根源等建议改兰州土舍为兰坪县，并改老窝、六库、埂登、卯照、鲁掌等五土司为县，名泸水。"后来，老窝又一度划归云龙，直到1975年，才又一次划归泸水县。

明朝于洪武初平定云南后就在盐井地区设置了盐课提举司和盐课使司来管理盐政。而在顺荡、山井二盐井地还增置盐课土副使，其目的是为了借助地方势力来保证对盐井的管理和对盐税的征收。由此所及，山井土副使杨坚、顺荡土副使杨生当为本地盐井的大灶户或是盐商，是本地人，族属应是白族。

土司设立之初，对于巩固边防、传播内地文化和先进的生产技术、促进少数民族地区经济社会发展曾起到积极的作用，都称得上是尽责的土司。但到了后期各土司骄横恣纵，成为独霸一方的土皇帝。为了争取袭职，争夺地盘，相互征战，各土司为了保持统治地位，往往还强迫各民族保留落后的习俗，不准学汉语、不准读书，甚至不准穿鞋戴帽等。土司的种种倒行逆施，严重阻碍了少数民族地区的社会进步和经济发展，阻碍了中央王朝对边疆地区的统治，促使明王朝采取了相应措施，导致了"改土归流"。

至此，土司制度在云龙基本结束，逐渐退出了历史的舞台。

大井村全景

八大盐井的繁荣

在云龙 2000 多年的历史文化中，盐的开采可以算得上历史悠久。云龙是滇西著名的产盐区，盐井的繁荣是云龙发展的见证。

明洪武十五年（1382 年），傅友德、蓝玉、沐英部队攻克云南，由于军队的开支严重不足，便展开了“盐商中纳”的商屯，同年十一月设云南盐课提举司，云南省下辖四个盐课提举司：黑井盐课提举司、白井盐课提举司、安宁盐课提举司、五井盐课提举司。五井盐课提举司管理云龙的诺邓盐课司、山井盐课司、师井盐课司、大井盐课司、顺荡盐课司、鹤庆府的弥沙井盐课司和丽江府的兰州井盐课司。

明嘉靖三十五年（1556 年），石门井、宝丰井、天井正式列入五井盐课提举司管辖，云龙盐井由“五井”变为“八井”，一直延续至今。

“诺邓”盐卤度高，是云龙五井中开发最早、最有名的盐井，诺邓井介于两溪之间，深七丈，方两丈多，卤脉微细。该井的取卤是人进入井下，把卤水引入木车后抽出井外，每天的卤水分给灶户

1 诺邓古盐井遗址

2 古盐井生产的食盐

去煎煮。七天一个周期，周而复始。

顺荡也是云龙历史上最重要的盐业生产地之一，是盐马古道重要的驿站。顺荡井有七口，第一口叫正井，出自村内山坡，卤水从岩壁石缝中流出，脉粗如一条线，用一银管引入木桶，有卤无井。其他还有小井、洗锅井、天生井、祭天井等，也都盛产食盐。

云龙盐井从五井发展到八井，整个云龙盐井地区出现了前所未有的繁荣，所有的产业部门都围绕盐业转，形成了一个长长的产业链。每天，汲卤工人在井房内的佛龛龙王牌位前虔诚地磕三个头、点两炷香，以保安然无恙。然后到井下开始一天的工作，他们用几根龙竹打通关节做成一条接一条的“竹龙”抽水，分两班夜以继日地逐级向上汲取卤水，仅诺邓、石门、大井、天井四口井就有56条“竹龙”汲取卤

❶ 雒马烟云

❷ 石门井古盐井遗址

❸ 师井古盐井遗址

水。家家户户熬卤制盐的袅袅烟云在晨曦透射下形成道道白色的光芒，市井变得若隐若现，村落深处偶尔传来阵阵鸡鸣犬吠和商贩的叫卖之声，构成一幅秀美的水墨写意画。

云盐销区的开拓，一是靠盐质量的提高，取得销区人民的好评和信任；二是靠盐商筹集资金，人背马驮，将云盐销往各地，有的销至缅甸。1938 年前云盐运输全走山路，漕涧是云盐运销泸水、保山、腾冲等地必经的马站和集散地。每年有不少人冒着生命危险帮盐商背私盐至腾冲，人称“盐背子”。1938 年滇缅公路通车后，大栗树成为中转站。民国末期，五井有运输骡马近千匹。

盐业的发展，使得大山深谷中的云龙吸引了大批内地商人和移民的到来。这些人最初大多是为了获取盐的巨大利润来到这里，同时也带来了先进的生产技术和各地不同的风俗文化。

经济基础决定上层建筑。明初开始，随着以盐产业为主体的工商经济繁华兴盛和澜沧江农耕文明的崛起，带动了云龙文化、教育、宗教的发展。当时，云龙的文化教育蔚然成风，人才辈出。到清代，云龙就有“三进士、二十三举人”。

石门井全景

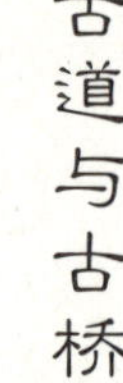

古道与古桥梁

“崇峰铁坎，重罗山外之山；澜津带河，叠水中之水。”踏进云龙，眼前或是高耸的大山，或是横溢的江河，或是无数的清溪碧流、山泉飞瀑。几千年来，云龙人民在这山沟峡谷间、溪流河湾上充分发挥各民族的聪明才智，开掘出鬼斧神工的山道，建造出各式各样的桥梁。今朝，马铃依旧，悠悠诉说着盐马古道的悠长、桥乡云龙的发展。

盐马古道

公元前109年，汉武帝大兴盐铁，派兵征服云南，设郡置县，其中有“比苏县”，有人认为“比苏”为古僰语，意为“有盐的地方”，地点即以今云龙县的沘江流域为核心，沘江即“比苏之江”。唐樊绰所编的《蛮书》言及汉魏时期“细诺邓井”的盐，实际就是原来的“比苏”地区所产。到明朝初年，明政府在诺邓置“五井盐课提举司”，管理“五井”。到明代后期，云龙盐定销滇西“八府州县”，成为现今保山直至缅甸一带的食盐主要供应地。就这样，古代云龙五井在滇西地区形成了一个具有特殊意义的“通要衢冲”。来自北方藏区的马匹、药材和毛皮通过这里往南进入保山和临沧，又把那里的玉石、茶叶以及五井的盐驮回来。那座从云龙经兰坪往北延伸到维西藏区的大山叫盐路山。而从缅甸和腾冲往东行

1 漕涧梁子上的盐马古道

2 盐马古道

经过五井地区再到大理、昆明的道路，同样也是为了盐、茶以及糖、布、玉石等商品的运输需要而开辟。为了运输盐，人们逢山修路，遇水搭桥，“盐马古道”也应运而生。其中属诺邓的盐马古道保存最完整，在村北可见古代东向大理，南至保山，西接缅甸，北连丽江、西藏的四条石板路面。四方的驿道穿山越岭，汇集于此。那时，只要在深山老林里，在没有尽头的古道上，远处传来一阵马铃声，紧接着你就会听到赶马山歌了：

> 小哥出门去哪里？带我阿妹跟随你。金齿城上贴青砖，忍车城门钉铁皮；三塔顶上金鸡立，压大理风水。

保山叫“金齿”，昆明叫“忍车”。运盐赶马山歌组成一部和谐奏鸣曲。现在古道上古老动听的赶马歌早已难耳闻，只剩下青石板上那一串串深深浅浅的马蹄印。那将山与水相连的道路与桥梁，始终相伴相依相恋着，至今藏匿在云龙的深山密林中与河谷溪涧里。

❶❷❸ 盐马古道

云龙古桥

在云龙广袤的山川疆域上，古桥梁的类别、数量众多，使云龙曾被誉为“滇西桥乡”“桥梁博物馆”“世界古桥梁艺术博物馆”。

古人有云：“天下之多者水也，浮天载地，高下无所不润，万物无所不润，及其气流届石，精薄肤寸，不崇朝而泽合灵宇者，神莫与并矣。”踏进云龙，眼前或是壁立的大山，或是横溢的江河，或是无数的清溪碧流、山泉飞瀑。这山和江河保留了云龙悠久的历史。这里，西汉元封二年（公元前109年）设比苏县。宋称云龙赕。元至元二十六年（1289年）置云龙甸军民府。明洪武十七年（1384年）改为云龙州，治所在旧州三七村；明崇祯二年（1629年）州府迁到宝丰，1913年改州为县。1929年，迁县府至石门至今。几千年来，云龙人民在这山沟峡谷宝地里，田野河湾上充分发挥各民族的聪明才智，建造了不同类型的桥梁。从远古的溜索、藤桥、独木桥到近代的木伸臂梁桥、石拱桥、石墩木梁桥、铁链吊桥乃至现代的钢混桥，如铁板钢衍桥、钢绳吊桥等等。它们充分体现了一代又一代云龙人民的智慧和才干，这些桥是人类勇于战胜自然的一座又一座里程碑。

云龙的桥梁按类别可分为浮、吊、拱、梁四类。

云龙浮桥

浮桥在澜沧江、沘江上属最古老而又较普遍的过渡工具。它是因猪槽船、竹筏、大圆木等在浮渡中满足不了多人通往或重型物体搬运等而逐步演变成浮桥的。浮桥即用船、筏或浮箱作为桥墩的桥。两边浮墩采用系绳或打桩固定，使其不

移动后，上覆横木做桥面，可以供大队伍或重型车辆通往。抗日战争时期，澜沧江上的功果桥被炸毁后，当时为急运军需物资，就是采用浮桥渡江的。现在生活在沘江两岸的农民们也常采用简易浮桥做过渡办法。浮桥乃临时过渡工具，制作方便，用后拆除。

云龙吊桥

吊桥的演变过程是溜索—藤桥—铁链桥—钢绳吊桥。这里着重介绍几座重点的桥梁。

溜索是表村地区 20 世纪 60 年代前澜沧江两岸往来的最原始的过渡工具。可以说它是吊桥类的第一代产物。溜索的用料是由藤

藤桥

惠民桥

绳—竹绳—钢绳逐步变化而来，有上千年的历史。据《水经注》载："罽宾之境，絙桥相引，谓悬绳渡水为絙桥，又名筰，竹索也。西南夷寻之以渡水，俗呼溜索。"溜索的制作方法据流传在当地的溜索歌中是这样吟唱的："两山夹一江，江头无路，欲前不前，到此行人辙阻步。横空一索是谁牵，盘两端于不拔之树。密束竹皮，牢牢固固。去者来者，乃竟缘之而渡。"对于过溜索的方法又是这样咏道："刻木如鞍曰溜掣，将欲渡时，索上着下垂黄牛之革，系人头脚，仰卧瑟缩，将身空托。放掣随索去，直至半中而落。转头为脚，转脚为头，两手着力，如升木猴，纵其力竭，不可以休，到索尽处，乃把身抽。"过溜索之险"爰取乎是桥非桥之一绳，使渡者缚其身，而悬诸大泽奔流之上"。猿猴攀渡，原始而古

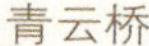

青云桥

老，险哉！现在偶尔有这类的过渡工具出现，如若遇上，是一种冒险的刺激和享受。

藤桥古称之为笮。据《元和郡县图志》载，“凡言笮者夷人于大江上置藤桥谓之笮，其定笮，大笮皆是近水置藤桥处”。它是由溜索演化形成的，即一根至多根缠绕编织。它是吊桥类的第二代产物。藤桥是用野葡萄藤编缀而成。葡萄藤经过遇热烤制，扭曲绕绳后，主藤绳直径要在 5 厘米以上，长度依河的宽度而定，两根主藤绳分别拴在河两岸的老栗树上，再以一张藤网吊在主藤绳上，网底置一木方做桥面。整座藤桥像一张挂在河面上的渔网。人在藤桥上过往犹如荡秋千一般，摇摇欲坠。除山羊以外，一般牲畜都不敢在藤桥上来往。现在云龙县白石镇的顺荡、松水等村还保存着横跨沘江可通行的三座藤桥，成为研究云龙以及滇西乃至云南古代少数民族文化发展的物证。藤桥一般三年要更换一次藤绳。

铁链桥有原飞龙桥和现存的惠民桥、青云桥、中州桥、安澜桥等。山区的劳动人民在藤桥的基础上发明了更牢固耐用的铁链桥，

惠民桥

吊桥的历史又再推进了一步。

飞龙桥，位于功果桥镇桥街，此桥建于清同治癸亥年（1863 年），滇西农民起义军杜文秀派大翼长李玉树总镇云龙时倡修，历 3 年告竣。杜文秀赐名为“飞龙桥”，就像一条横卧在澜沧江上的巨龙。1965 年澜沧江暴涨，冲毁桥墩，铁链坠江，后在原址上游 2 公里处新修一座钢绳吊桥。飞龙桥现存两岸桥墩和西岸望江楼，楼分上下两层，呈方形，长宽各 8 米、高 11 米，重檐歇山顶瓦面，斗拱架叠，气势雄伟。楼匾为“兰津胜览”。底层墙内镶有 13 块建桥碑记，是研究杜文秀起义的主要史料。正门上有清举人尹陈谟作的 174 字长联，上联曰：“天堑固称最矣，叹径流滚滚，鹿石奔来，擅四读之封，表雄南诏。截三崇之险，扼吭西陲，直比金沙淘浪，荡射日光，潞水急湍，轰鸣雷鼓。傥异时，江河声析，出奇制胜，试下汉家楼船，定不教暝弓矫举，走猎苍黄，蛮锦侈张，网鱼滇洱。”下联曰：“地轴其效灵乎？着高阁巍巍，鼋梁戴起，诉九隆而上，压倒霁虹。耸五云而遥，回翔彩凤。更饶蒲甸朝霞，挂穿画栋，苏溪夜月，涌到朱栏。尽迁客，诗酒兴豪，览物舒（抒）怀，频洒临川笔墨，却何让跨鹤仙人，横吹短笛，停骓帝子，独步长州。”还有李玉树撰的碑文，李泰《题飞龙桥》“铁锁横江画未工，水连山断起长虹。烟霞眼底非人境，车马云中有路通。缥缈一痕天远近，迢遥两岸接西东”等诗句。飞龙桥是云龙县境内横跨澜沧江的第一座铁链桥。

惠民桥，位于宝丰乡南新村，为两孔连跨沘江的链子桥。始建年代不详，原桥于清咸丰七年（1857 年）毁于兵火，光绪十二年（1886 年）知州胡程章修复。桥长 60 米、宽 4 米。江中心设有桥墩，此桥墩是采用层层加石榫结构，整体牢固，经上百年的洪水冲刷而无任何破损，安然于江水中心。桥墩上覆瓦顶。两端桥亭为牌楼式样，并有长 7 米的甬道。

青云桥紧靠县城南端，是一座横跨沘江的铁链子吊桥，全长 36 米、宽 2.2 米。始建于清道光四年（1824 年），为杨名飏所建。建造式样与安澜桥相似。东桥亭南墙内嵌有杨名飏撰《新建青云桥碑记》，南门上方嵌有民国二十五年（1936 年）县知事蔡学禹题刻的“石门关”匾额。东桥亭是古代石门对外交往必经之道。西桥亭有上下两层，上层供奉观音佛像，下层为来往通道。桥亭上方石壁上杨名飏题刻“碧嶂迴澜”四字，亭内石壁镌刻有“衮雪”二字，为三国时曹操屯兵褒谷南口石门时所书，道光年间杨名飏从该地拓回。

中州桥坐落于诺邓镇果郎村，该桥与惠民桥结构相似，建造年代不详。现桥堡无存，但链子桥面还能通行。

安澜桥地处长新乡政府所在地长春坡，此处很古以前无桥，过沘江用木船，这一渡口处有专供藏船用一隅，古称“船冲坡”，又叫“藏船坡”，后人叫惯了“长春坡”，吉用谐音。清代乾隆年间始建一链子桥，曰“安澜桥”，古人取“长庆安澜”之意而得此名。因镣以铁索，当地人称之为长春坡链子桥。桥全长 60 米、宽为 2 米。由 8 根铁链飞跨 47 米河面，其中 6 根为底链，上铺木板为桥面，左右各悬一根铁链做扶手。两桥墩上建有桥亭，为牌楼式样。安澜桥是云龙境内现存铁链桥中跨径最长的一座古桥。安澜桥东西向横跨沘江。两桥墩内部结构别致，它是由大条石砌成桥台基础后，在基础平台上砌实体半圆柱石墩，半圆柱的半径约 3 米，半

圆柱分别往东、西方向拱，并留人能在里面操作的石砌涵洞，留有洞门。半圆柱石墩周围砌石压缝严密，桥台上部砌石层与层之间还加部分石榫或铁榫，保证整个桥台的稳固性和耐强拉性。链子拉紧固定在半圆大石墩上后，封闭好桥台的洞门。拉链、紧链用的工具是实栗木轴柱，轴直径 0.8 米，长 3 米。轴两头直径 0.2 米、轴顶长 0.5 米。轴柱中间不同位置上凿有榫眼。两轴顶装入轴承支台，轴承支台全部用硬栗木做成。当一边链子盘绑固定好后，另一边就采用轴柱的作用来拉链或紧链。操作的方法是十多人用木棒插入轴柱榫眼内，有力滚动轴柱，可松可紧，操作十分简单方便。两桥墩的建造结构便于链子的保养、加固、维修，是一个既古朴又科学的建筑整体。据当地老人介绍，铁链是在漕涧铁厂打制，人背马驮，翻越三崇山、天子山，途径飞龙桥运回来的。“黄

安澜桥

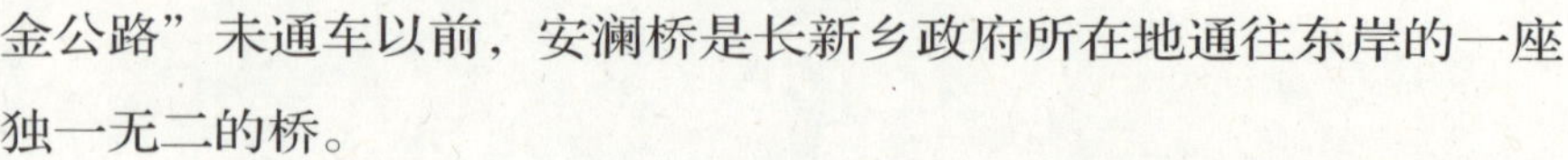

金公路”未通车以前，安澜桥是长新乡政府所在地通往东岸的一座独一无二的桥。

钢绳桥是在铁链桥的基础上进一步演变，是云龙吊桥类的第四代产物，澜沧江、沘江上能通车的桥梁中，钢绳吊桥的座数最多。这里重点讲述功果桥和解放桥。

功果桥地处功果桥镇功果村的沘江与澜沧江交汇口下沿，横跨澜沧江。原为铁链桥，1921 年由宝丰人董坊建造，取名为青云桥。抗日战争爆发，修筑滇缅公路后，紧挨青云桥又建一座钢索吊桥，始称功果桥，一桥通车，一桥行人。董坊撰始建功果桥序中载：“窃查功果桥所通之路线，近则腾、保、永、鹤、丽、剑，远则川、藏、印、缅，换言之，即川藏印缅之交叉点，与西南国防极有关系。古称西北多山，此路则避却山脉，坦旦捷。前英领事列敦探查及此，谓可以之建筑铁道，其他勿论已。然云龙开辟设治数百年，历代相传未曾闻及。余弟兄癖信堪舆，为父母寻吉地，见沧沘两江会（汇）合于功果，夹中之山曰德隆，临山耸一峰曰犁头。峰距功果两江合处约二十里许，高而秀，疑其有地，故攀藤附葛以登，讵

搬迁后的功果桥

他却无，而高瞻远瞩，则东之大理点苍山，南之永昌宝盖山，西之片马高黎贡山，北之丽江大雪山。历之如绘，了如指掌。缘是求吉地未得，而得一良路线焉……”正如董坊所述，此处地势非常重要，为适应战略运输的需要，1939 年又在功果桥上游 700 米处另建一座钢索吊桥，1940 年 11 月 4 日建成通车。为纪念 1939 年秋，因公乘飞机由重庆来昆，在曲靖上空坠落遇难的钱昌淦处长，特将此桥命名为“昌淦桥”。1940 年 10 月 18 日至 1941 年 2 月 17 日，在 123 天中，日本军队共出动飞机 242 架（次），对功果桥空袭 16 次，青云桥、功果桥、昌淦桥均被炸毁，仅留下矗立在江西面的功果桥头。后均陆续修复。1965 年，青云桥、功果桥毁于洪水，昌淦桥完好无损。此处是两江合流，交通要塞，三山直插云霄，是澜沧江峡谷中最美的景区之一，由于功果桥电站建设的需要，现昌淦桥已搬迁至宝丰；功果老桥头在原址上往上迁移，继续保留下来。

云龙拱桥

云龙的拱桥类，以石拱桥著称。部分以木拱加梁型，即木伸臂式覆瓦风雨梁桥，此类归梁桥类阐述。这里重点介绍虎头山等身藏在大山深处的几座古桥和 50 米单孔跨沘江的新关桥。

虎头山寿光桥，是上花台六角亭通往张仙祠必经之桥，建于清道光年间。跨径 2 米，桥面两边有石栏杆板。

安居桥，位于检槽乡炼登村路居小峡，建于清嘉庆十年乙丑月（1805 年农历十二月），道光二十九年（1849 年）立有桥碑一块，桥单孔跨径 7.5 米，桥面宽 3.7 米，石栏杆高 0.5 米。

弄居桥

双龙桥，位于炼登村路居下，始建于清嘉庆十年（1805

年）夏，单孔跨径 7.5 米，桥面宽 1.9 米，桥东西向横跨师里河。桥面南边有围墙，墙长 28.2 米，留有两道通风门。上有双龙桥碑记，此碑立于清嘉庆十年（1805 年）乙丑月。南墙内还嵌有乡规民约碑、禁忌碑各一块。

永利桥，地处白石镇云顶村，始建于清道光二十三年（1843 年），单孔跨径 9 米，宽 3 米，高 6 米，是清代云龙顺荡井至剑川运盐古道上的必经桥梁。

关帝圣君桥，位于检槽乡师井村，石拱加屋架盖瓦顶。始建年代不详，民国十三年（1924 年）重修。桥长 14.4 米，宽 2.5 米。桥面瓦屋为一高两低式结构，两端分别建有牌坊楼，是过往、休闲、避雨等兼用的石拱桥。此桥是云龙拱桥类的第二代产物。

云龙梁桥

云龙的梁桥类以木梁桥居多。更有甚者是梁桥上加瓦屋顶，通行与休闲观光一举多得。这是白族劳动人民的首创精神的体现。

独木桥是由于云龙县境内山脉交错，河流横溢，劳动人民为了过往获取生存物资，在河两岸得天独厚的大石头上架上枋横木，自然通行，或在较有条件的河段上砍倒一棵大树直达彼岸。即“两岸磐石，一根木头，畅通无阻”。这类最简便的独木桥在大山之中随处可见，是生存在高山峡谷中的人民群众的杰作。

旧州西箐石板桥，利用两岸箐边原始岩石做桥台，上铺自然长石板为桥面，恰似一座“天生桥”。

虎头山扁担桥，地处虎头寺背后，始建于清道光年间。1998 年春复修，桥面为大石板，桥两端分别建有圆形小憩

❶ 虎头山寿光桥
❷ 关帝圣君桥
❸ 双龙桥

❶ 通京桥

❷ 街子房桥

台，两台与桥面构成扁担挑着箩筐式，故曰“扁担桥”。

街子房桥，位于检槽乡师井村街子房，始建年代不详，1954 年重修。横木直铺木板桥面，覆瓦顶，两侧有栏杆，内置休闲木方凳，屋面平式，两头堡门式结构，桥门两头“闪八字”照壁。桥长 10 米，宽 2.7 米。桥两头紧靠村子房舍，构成“小桥流水人家”的村落图景。

杨柳桥坐落在检槽乡三合村，始建年代不详，1953 年重修。横木平撑木板桥面，上盖拱形桥屋，覆瓦顶。两端牌坊楼式建筑。

小桥、流水、马帮

桥面两侧加栏杆。跨径 5.4 米，桥面宽 2.8 米，桥头牌坊楼宽 3 米。两边高、中间弧形的桥面屋架建造给三合小峡增添了深幽的景色。

通金桥又称大包罗桥，地处大包罗村腹地，据清雍正戊申年（1728 年）《云龙州志》卷三“津梁篇”载“藤桥在十二关大波浪”，即今包罗通金桥前身是一座用野藤编缀而成的藤桥。大波浪藤桥始建与毁坏年代都不详，古称大波浪桥。大包罗村迁徙定居年代无记载，村名的演变是大波浪村—大波罗村—大包罗村。大包罗村名谐音妙用，取“包罗万象”之意。此桥东西方向横跨沘江。始建于清隆四十一年（1776 年），后毁于洪水。乾隆四十九年（1784 年）重修。现存东桥墩一石碑“王政济人”额镂，《重修大波浪

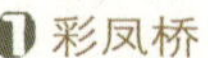

❶ 彩凤桥

❷ 五里桥

桥碑记》，载“从来桥梁之设，原通往来，况其为厂课攸关者乎。今此桥自前任厂主邓公起建，至王大老爷兼理厂务，上忠国课，下利民生，捐资重修，洵称义举。蒙州主许大老爷，捐奉乐施，并谕里民协力，行土是以，劝首阿凤朝、杨永发等合志□襄而焕然一新，以永垂不朽”。同时刻有捐资银两、课户姓名等。“木匠杨文庆、石匠杨卜美。”“云龙州儒学生员杨维世书。乾隆四十九年（1784 年）仲冬月吉旦。”清乾隆时检槽白羊厂（银矿）开采鼎盛，中原地区大量人才涌入该矿区，绝大部分粗银要运往大理、昆明冶炼。通金桥是白羊厂通往大理府的必经桥梁，为此 1784 年的重修所需资金都是由白羊厂炼银大户捐资或上课（税）中解决的。此桥，道光十五年（1835 年）再次重修。该桥为伸臂式单孔覆瓦风雨木梁桥，全长 40 米，宽 4 米，净跨 29 米，桥面比河面高出 12.5 米。是大理州同类桥梁中跨度最大的古桥。所有伸臂木枋是采用杠杆原理往上伸出，伸臂从两岸桥墩中分别 5 排，每排 7 层，加榫架叠，层层向河心挑出，如楼阁建筑的斗拱挑檐。伸臂木枋埋于桥墩的一节上砌压着大

量的鹅卵石，石中不掺土，保持鹅卵石的洁净。伸臂底层的下部有大横枋，横枋下有支点石柱，桥墩部分伸臂下有三角形空室，保证枋埋部分的干燥。在两端斗拱伸臂相距 9 米处，以 5 根粗大的横梁衔接，上铺木板做桥面。为保持伸臂的平衡性，采取马鞍架控制办法，马鞍架同时为桥面抬力，减少伸臂的压力。所有入榫的榫头或是加破头楔子固定，或是侧面打眼后穿木梢子。任何一处衔接口都严密固定，拉得牢牢的。伸臂木枋每层加穿枋牵住，形成整体合力支撑。桥身上架有弧形屋架，上覆瓦顶。两侧有裙板遮挡风雨，内置木凳，可供行人歇息和避雨。两桥墩建有桥牌坊门楼。分别置有两扇木板大门。覆瓦后的通金桥弧度适中，似一道彩虹飞架东西两岸。

彩凤桥属木伸臂式覆瓦风雨梁桥，此桥坐落于白石镇顺荡村，距县城 70 公里，是县境内沘江上游第一座桥。据桥内现存的清乾隆四十七年（1782 年）《严禁残颓桥梁碑》记载，此桥始建于明末，清代多次维修。桥全长 39 米、宽 4.7 米，跨径 27 米。两端建有桥亭，内有坡形通道。原桥内多施以彩画，又称“大花桥”。结构与通金桥相似。桥东岸直通顺荡老

彩凤桥

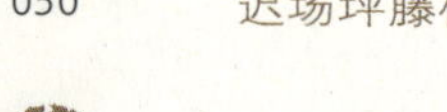

村子，路两旁古柏苍翠，桥西边紧挨童子阁、观音殿。

永镇桥俗称大达桥，始建于清乾隆六年（1741 年），光绪元年（1875 年）重修，1987 年复修。桥跨径 16 米，建筑结构与通金桥相似。

钢桁桥又称小铁桥，地处滇缅公路云龙县境内大栗树与功果桥之间，两孔式横跨沘江。属公路桥，设计载重量为 10 吨，三个桥墩都为石砌。钢桁架一孔长 30 米，另一孔长 24 米，桥架高 2.4 米，两边中距 5 米，桥面宽 4.2 米，桥全长 58.6 米，于 1940 年建成，钢材全部为不锈钢，属云南省首座公路钢桁桥，现搬迁至宝丰村。

桥是道路的延伸。云龙的桥梁大大小小上百座，这里只做重点的介绍。光阴流逝，绝大部分古桥经历了数百年沧海桑田的巨变和风雨无情的剥蚀，但每一座桥都经受住了历史的考验，都记载着云龙白族先民在桥梁建筑方面的智慧和创造力。它是我国文化遗产的组成部分，是白族建筑艺术史上的奇葩，是中国先进文化的组成部分，也是云龙人民的骄傲。

可喜的是绝大部分桥梁已被国务院公布为国家级重点文物保护单位，逐步加大维修资金的投入力度，保证古桥永葆青春。使其历史价值、科学价值、艺术价值代代相传，永不流失。

云龙历史上的战乱与兵争

稳定与发展，是一个地方追求的永恒主题。然而，岁月更迭，历史上的云龙并不完全平静，也有过风有过雨，成为浪花，点缀着历史的滚滚长河。

古代的云龙，地域辽阔，其东部边界达今漾濞县境内，西部边界曾一度达今缅甸境内的梅恩开江流域江心坡一带地区。

明正统二年（1437 年），麓川宣慰司思任发反叛。攻城略池，入侵南甸、干崖、腾冲、潞西、金齿，欲取云龙州。明朝廷先后派兵征讨，均被思任发击败，思任发直驱东犯，企图占领滇东北。在此情况下，明正统七年（1442 年）、正统八年（1443 年）、正统十四年（1449 年），兵部尚书王骥率军征伐麓川，第一次出兵 15 万，第二次出兵 5 万，第三次出兵 13 万，战争先后持续了 8 年，彻底平定了思任发、思机发的叛乱，稳固了明王朝对滇西地区的统治。在三征麓川中有数万将士阵亡。云龙虽然不是主战场，但明朝军队在漕涧坝子和怒江东岸屯兵，客观上促进了云龙地区的稳定与发展。云龙很多地方都将王骥作为本主神来崇拜，把他敬为“三崇

❶ 云龙境内出土的文物——青铜器

❷ 云龙境内出土的文物——石器

❸ 王骥墓

建国佑民皇帝”“三崇建国鸡足皇帝”。传说，王骥在今漕涧镇仁德村嘎窝后面叫“一碗水”的地方，误饮了夷人在水里施放的毒药而死，他的夫人闻讯后在舍身台殉节。他的二儿子星夜翻越漕涧梁子，回去报信找救兵，走到“白三次”（拜三崇）的地方，也因误饮毒药水毒性发作而死。死前向漕涧跪拜，后来他死的地方就叫“拜三崇”，漕涧梁子由此叫作“三崇山”。在今漕涧镇仁德村嘎窝尚有传说中的王骥故冢，建于民国，坟高八尺，碑心刻有“明靖远侯兵部尚书王骥故冢”十三个大字，墓两边写有“长征永享三崇祀，仗义新修八尺坟”的对联。虽然王骥最终回到朝廷，最后得以善终，并未裹尸于漕涧，但云龙白族人民因对其保境卫疆的崇敬，许多地方都将其列为本主敬祀，表明“三征麓川”这一场战争对云龙历史影响极为深远。

明朝万历二十七年（1599 年），段氏土司内部发生了段嘉凤

和段嘉龙争夺袭位的斗争。段嘉凤自号“新主”，以老窝、赶马撒为集中地，招兵练武，囤积粮草，由何天恩任都督，喇猎任总管，王盘为先锋，经鹿山，出松木哨，迅速攻占旧州，迫使土官段嘉龙逃窜。起义军东渡澜沧江，攻破五井，控制了五井地区，然后又向西南进军，围攻永昌（今保山）。围攻永昌失败后，又退保云龙，扼守澜沧江渡口，声势浩大，震动了云南。黔国公调集官军和各土司士兵对起义军进行围剿，被镇压下去，起义首领被杀。随后明军进入漕涧和老窝，对起义余众进行搜捕和清剿，迫使参加起义的一些阿昌族人逃亡，云龙阿昌族人口大量减少。明朝万历四十五年（1617年），发生了段进忠争职的祸乱，段率领蒲甸人袭击土知州段嘉龙，“残裂肢体”，“倡言上司檄我为知州，即州治上任，大飨其众三日，而后去漕涧大修攻战之备”。“内则大治兵，铲削崖堑；外则四处劫掠，积刍粟，将乘隙动，永、大诸郡咸震骇。”至万历四十八年（1620年），叛乱才得以平息。平息段进忠叛乱后，云南巡抚沈敬介奏请明朝改土官设流官。1621年，第一任流官到任，云龙进入流官管理的新时期，只

沘江峡谷——石门关

有部分土司留存下来。1624年，阿昌人林养中“霸占官田，不服清丈，不纳赋税”，“谓州官只宜治五井，以云龙州地归之”，聚众骚乱，被周宪章所平。旧州沿澜沧江河谷的阿昌族大部分向西迁移。

清朝康熙十二年（1673年），清朝以同撤三藩的决定粉碎了吴三桂“世镇云南”的美梦。吴三桂气急败坏，暗中指令死党向撤藩使者请愿，要求停止撤藩，继而又拖延时日，与心腹将领密谋发动叛乱。同年十一月底，吴三桂铤而走险，杀巡抚朱国治，自号“周王天下都招讨兵马大元帅”，令部下“蓄发，易衣冠”，称兵反叛于云南。康熙十七年（1678年）七月，吴三桂亲自部

大崖槽

署对广东、广西的大规模进攻。在衡州派出大将胡国柱、夏国相率 10 万大军，突入两广，几度得手。尤其在广西取得了更大的进展，除了梧州，全部都被吴军收回。北部岳州战事由吴三桂侄儿吴应期主持，御清军于湖湘门外，清兵几次渡江，均未成功。康熙十七年（1678 年）八月，吴三桂得了“中风噎嗝”的病症，八月十八日深夜，吴三桂病逝，只做了五个多月的皇帝。康熙二十一年（1682 年），吴三桂女婿胡国柱出兵，事败回昆明，奔楚雄，吕合之战再败，与曾任过云龙知州的李春葵逃匿于云龙州。清军都统希福、提都桑额，率骑兵追踪，兵分两路。一路过苏溪渡，逆江而上；一路于老末过溜索，由表村而下，进行夹击，擒胡国柱于天险铁门槛，由漕涧土守备左万象之孙做魁捆解，上缴收获之印 13 颗，得到朝廷奖赏。

道光元年（1821 年），白羊厂银矿发生回汉砂丁械斗，参与人数上百，死九十，经济上造成重大损失，致使盛极一时的白羊厂银矿从此衰败而一蹶不振，回汉两个民族从此结怨。道光二十五年（1845 年）四月，保山汉族地主团练“香把会”勾结官府屠杀回民，制造了“保山惨案”。杜文秀以代表身份赴京上控，未获公正处理。咸丰六年（1856 年），官府支持临安（今建水）汉绅霸占回民银矿，屠杀回民。云南巡抚亦密令各地“聚团杀回”，回民遂于蒙化（今巍山）起兵，旋即攻下大理府。各地回、汉、彝、哈尼、白、傣、纳西等各族人民纷纷响应，烽烟遍及云南。同年十月，杜文秀被推举为“总统兵马大元帅”，建立起政权。提出“联回汉为一体，竖立义旗，驱除鞑虏，恢复

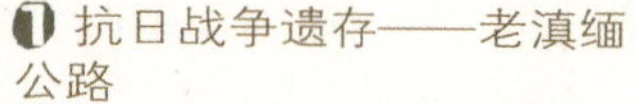
❶ 抗日战争遗存——老滇缅公路

❷ 抗日战争遗存——高炮路

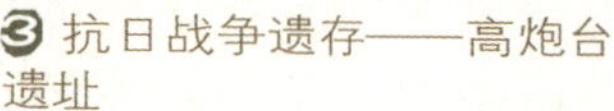
❸ 抗日战争遗存——高炮台遗址

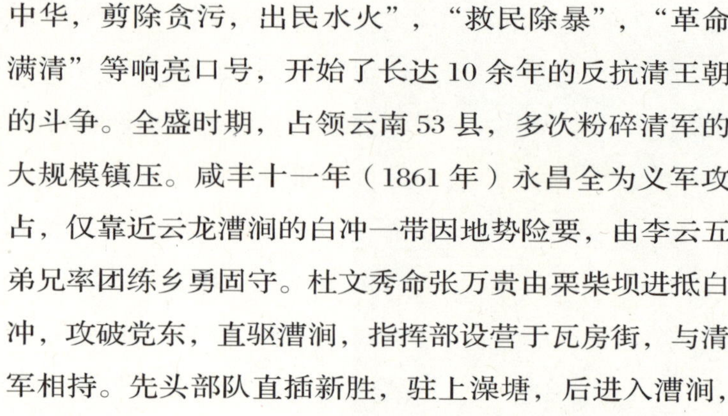
中华，剪除贪污，出民水火”，“救民除暴”，“革命满清”等响亮口号，开始了长达10余年的反抗清王朝的斗争。全盛时期，占领云南53县，多次粉碎清军的大规模镇压。咸丰十一年（1861年）永昌全为义军攻占，仅靠近云龙漕涧的白冲一带因地势险要，由李云五弟兄率团练乡勇固守。杜文秀命张万贵由栗柴坝进抵白冲，攻破党东，直驱漕涧，指挥部设营于瓦房街，与清军相持。先头部队直插新胜，驻上澡塘，后进入漕涧，与后续回民一起，在新寨建立地方政权。建“品”形碉堡，于新寨、中戏台、下街分别驻扎三个营盘，驻兵近千人，首领为李登采。起义军利用漕涧铁矿，冶铁锻造刀矛、箭镞、弹丸、炮矢，装入油桶，越过清军防守之上五井，运往大理。咸丰十一年（1861年）冬，清军派李德朝率兵攻漕涧，遭起义军伏击，被暗箭射死，全军覆没；另一路义军由杨正朝率领，经箭里攻下山井、天井、大井、石门各井，相继攻占金泉、诺邓、师井、顺荡等井。清军与义军于沧江以东反复争夺，形成拉锯。七月，杜文秀派骠骑将军杨荣从大理来攻，清军不敌，一战而退。同治元年（1862年）云龙知州章官建服毒自杀，永昌知府潘如栋携眷逃至表村后一家七口自尽，云龙全境为义军攻占。为巩固西防和打通西线，杨荣于苏溪渡口占地10亩，筑城池，设火药局、钱粮局、兵练局，汛署一进三层，临江筑有碉堡。同时，征工赶修旧州至漕涧马路，使旧州、漕涧至白冲、瓦房、老营、永昌连成一片，保障杜文秀政权无后顾之忧。杜文秀调杨荣出征后，由大翼长李玉树、大司寇李芳园先后总镇云龙，为运粮、运盐及军事上的需要，大翼长李玉树于同治元年（1862年）倡修“飞龙桥”。未竟工程由李芳园继续完成，于1864年建成，杜文秀取其“利济

苍生”之意，赐名“飞龙”。同治六年（1867年）十月，组织20万大军进攻昆明，攻占楚雄等数十城。后因太平天国失败，清军调集优势兵力并采取政治分化等手段，致使东征失利。同治十一年（1872年），清军围攻大理，十一月大理被攻陷，杜文秀为免遭屠城，服毒后被解送清营，被清政府杀害。1870年，李凤呈反攻，云龙恢复清朝旗帜，州署迁回雒马井，回民起义在云龙告终。这一次战争虽然让人民流离失所，但客观上促进了云龙道路的通达和冶铁业的兴旺。特别是飞龙桥的建成，改变了云龙食盐西运和粮食东运完全靠渡口的历史，促进了商业的繁荣。

1937年，卢沟桥事变爆发后，修筑滇缅公路，事关抗战前途。1937年11月2日，确定了路线方案，云南省政府通令有关应征筑路的县和设治局，务于12月内征集所分派的民工，赶修分担的路段，限期于1938年3月完成土路。滇缅公路中国境内昆明至畹町全长为959.4公里，由滇西片所经过的县设治局承担，漾濞至云龙段从胜备桥至云龙与保山交界处的坡脚计102.7公里，由永平、昌宁、云龙三县修筑。总人口不到8万人的云龙县出民工1万人，修筑里程为57公里，平均每户出工超过1人。1人出工，家中几人送粮供应。根据资料记载：“云龙一县即死五六百人。”1938年8月31日全线通车。1939年，国民政府军事委员会根据当时局势，决定在功果桥东山抢修一条高炮路，配置防空设备，以保证功果桥的安全，由永平、云龙两县各派民工500名赶修。高炮路全长18公里，从7月3日开工，至10月5日全线通车，历时三个月零两天，总投工24万余工。1939年10月8日，封闭了三个月的滇缅公路恢复通行，从当天起，日机就以功果桥与惠通桥为目标，进行侦察轰炸，妄图切断这条国际抗日运输线。1940年10月18日起至次年2月17日止，在123天中对功果、昌淦两桥轰炸16次，出动飞机242架次，投弹近千枚（《续云南

小铁桥新姿

❶ 抗日战争遗存——功果老桥头遗址（正面）

❷ 抗日战争遗存——功果老桥头遗址（侧面）

通志长编》)。即便这样，功果桥抢修队和三县民工冒着日机的骚扰，坚持随炸随修，保证了这条运输线的畅通，被誉为“炸不断的滇缅路”。1942 年 5 月，日军占领缅甸东北地区以后，5 月 10 日占领腾冲、龙陵，并以先头之一部强渡怒江，被中国军队挡在怒江西岸。国军 36 师在东岸北起栗柴坝渡口南至三江口一线设防，直至 1944 年 5 月滇西全面反攻，历时两年之久。长期处于偏僻闭塞的云龙县，一下子成为中国远征军驻军集中的重要基地，云龙人积极承担驻军的粮草供应、运输、担架、救护、慰劳等任务，全力保障了抗战的最后胜利。

教育和科举

从汉朝开始，云龙境内的私塾、义学、书院等相继兴办，它们相互促进，长期共存，由此形成了“科第早已渐开，贤能亦经继起”之气象。明、清两朝，云龙共出了“三进士，二十三举人，秀才逾千人”的科举人才队伍。

云龙的文庙

云龙地处偏僻之地，直至明代后期才开始修建“文庙”。据清雍正《云龙州志》载：云龙的文庙（亦称“州学”，因当时文庙与地方学校同为一个场所）始建于明末天启四年（1624年），是由时任云龙知州的周宪章主建于原州治所在地——旧州三七村。明崇祯二年（1629年），随着州治由旧州之三七迁至雒马井（今宝丰井），知州钱以敬亦将“州学”（文庙）迁建于雒马井。清康熙二十四年（1685年），知州张潋把学址改于州治所在地德龙山之左（虽已动工修建，但“规制未备”）。清康熙四十二年（1703年），知州顾芳宗带头捐俸，并在乡绅杨翔凤、杨彦章等人的大力协助下，在张潋所建的基础上，按照朝廷统一规制设计要求，对文庙进行了

修改扩建，取名曰“学宫”。以上所兴建、扩建和重修后的“州学”“学宫”“圣庙”（又称“黉学”），皆为宝丰的文庙。

明朝初年，诺邓南山“道一庵”有了孔子塑像；到明末将塑像迁至玉皇阁后院静室。直至清乾隆时，修成孔庙和崇圣宫，诺邓“庙学兴起，科等渐开”。

该村文庙前的“棂星门”，是滇西地区现存最大也是最古老的木牌坊。始建于清初，四柱三楹，飞檐斗拱，又叫“腾蛟、起凤”坊。文庙建筑精致庄严，古朴典雅，内塑有“布衣孔子”像，师长风范，和蔼可亲。

每年农历八月二十七日，诺邓、宝丰都要举行隆重的祭孔活动。

云龙的书院

书院是中国历史上的一种特殊的教育组织形式。萌芽于唐，形成于宋，废改于清末，有千年以上的发展史。

宝丰的书院和义学是在同一时期相继出现的。清雍正三年（1725 年），知州陈希芳创办了“传心书院”，不久因故停办。清雍正十二年（1734 年），知州徐本仙创办“修翎书院”，后因经费不济和师资缺乏而停办。

道光十九年（1839 年），知州谢体仁首倡修建了“龙门书院”，地方人士踊跃资助，以开化地方、启蒙文化、培养人才为目的。

❶❷杨名飏捐资创建的彩云书院

❸ 云龙一中（前身为杨名飏捐资创建的彩云书院）

2
3

清光绪三十三年（1907 年），云龙开始改造义学和书院旧学制，将“龙门书院”改为“县立高等小学堂”，即今宝丰完小的前身。

清道光十五年（1835 年），任陕西巡抚的杨名飏捐巨资在石门井创建“彩云书院”（今云龙一中前身），修建房舍 83 间，置租谷 700 京石，共捐集银 9420 余两。杨名飏解职还乡后，自任“彩云书院”主讲，自谦为“补读少年未读之书，以寡晚年欲寡之过”。

云龙的科举

明初的封建统治者从巩固自身统治的需要出发，十分重视培养与网罗人才。由于政府大兴官学，提倡科举，明洪武十六年（1383 年），诺邓设“五井提举司”；翌年，时属浪穹的诺邓即行设学祀孔，随之科第渐开。

“学而优则仕”和“唯有读书高”的价值取向，成为助推云龙学生士子投身科举的强大动力。明末黄文魁首贡并出仕广东提举后，至清朝康熙以降，科举渐趋鼎盛。

云龙虽属小县，却科第连绵：康熙中叶，宝丰井出举二人：晁拔（庚午科）、李俭（癸酉科）；乾隆之世，大井出翰林马锦文（壬辰科）；诺邓有进士黄绍魁（乙丑科），亚元黄桂（丁卯科），举人李信（壬午科）、字正选（庚子科）等。

勤政亭一角

石门井至清嘉庆时出乡举王黉（甲子科）。经元杨名飏（戊辰科），由知县、知府、方伯，道光时官至陕西巡抚；其子杨溯濂中道光庚子（1840 年）亚元，侄杨溯沂中武举，孙杨荣榜中光绪丙子（1876 年）科乡举：数代功名，则杨氏为五云之最。

清道光癸未（1823 年），诺邓井出进士黄云书；咸丰壬子（1852 年），天耳井出举人李浩；同治癸酉（1873 年），果郎有

❶ 1964 年的诺邓完小

❷ 宝丰中学校园内的勤政亭

举人杨辉甲。

清光绪初，天耳井出举人刘子仲（乙亥科），石门出举人尹陈谟（丙子科），宝丰有举人段书田（己卯科）、杨润根（己卯科）、杨应侯（庚子、辛丑合科）等。

到清代，云龙共有“三进士，二十三举人，贡爷、秀才过千人”的科绩。皆出自一个“进京九千九（里），下省一千三百九”的边远小县，大部分考生都是靠一次赶考定终身，实属不易！

清末至民国的中小学校

小学教育 清光绪二十七年（1901

❶ 苦读

❷ 快乐的童年

❸ 专心致志

宝丰中学校园

年），清政府宣布变法，并于其后几年中推行新政，废除科举、八股，举办新学。

清光绪三十三年（1907 年），云龙开始改造义学、书院之旧制。将宝丰井“龙门书院”改为县立高等小学堂，将石门井“彩云书院”和“漕涧义学”改为两等小学堂，其他各地义学改为初等小学堂。

清宣统二年（1910 年），漕涧乡绅何家惠以何氏宗祠田产为经费，开办云龙第一所私立小学（民国后改称私立明德小学）。

民国元年（1912 年），政府将清代所设小学堂一律改为小学校。知事丁润身任内，公立、私立和女子小学共计 57 所。

至民国七年（1918 年），云龙计有县立高等小学校 1 所；乡立高等小学校 5 所；乡立初等小学校 48 所，乡立女子初等小学校 5 所，私立初等小学校 4 所。民国九年（1920 年），云龙又有部分初等小学校增设高等部，改称“高级小学校”。全县计有“高小”10 所。

民国十八年（1929 年），县治由宝丰北迁石门，在石门下井龙神祠增设女子两级小学。民国十九年（1930 年）至民国二十五年（1936 年）间，添设了旧州、检槽、白石、表村、三元等地的高小点，新办了部分初级小学，共有小学 107 所。其中高级小学 15 所，初级小学 92 所。

中学教育 民国十七年（1928 年），县长段作霖任内，由县民大会做出决议，筹划设立县立中学。议定以石门“彩云书院”为址

校园一角

筹建县立中学。于民国十八年（1929 年）春季招收初中一班；在宝丰开办县立中学宝丰分班，招收初中一班。民国二十三年（1934 年），云龙的两所中学分别正式定名为“云龙县立石门初级中学”和“云龙县宝丰初级中学”。

民国三十年（1941 年），省教育厅训令：将原云龙县立石门中学改名为“云龙县立初级中学（本校）”，将原云龙县立宝丰初级中学改名为“云龙县立初级中学宝丰分校”。

民国三十一年（1942 年），抗日远征军若干师轮戍漕涧。军民共建了“抗日军民联谊中学”，招收 60 多名学生。至民国三十三年（1944 年），因军队调防而停办。后由县政府批准成立“云龙县立初级中学漕涧分校”，当年秋季招收初中一班。

1949 年，董泽先生以田租在宝丰创办了云南省最早的农业职业中学。

地灵人杰数精英

云龙虽山高谷深，却不失物华天宝；虽边远偏僻，但也谓人杰地灵。历史上这里不乏人才，如清代科举，云龙有文举人 21 名、文进士 3 名。虽然比之云南全省 5646 个举人、698 个进士这是个很不起眼的数字，但其中不少人物在滇西乃至全省都是鼎鼎有名的精英。

记史编书的董善庆

清顺治十八年（1661 年），云龙州城雒马井董氏家族中一户人家出生了一个孩子，族中取名善庆，小名心培。家人因心培聪明俊秀，就一意供他读书，以望将来科举成名。不料董善庆青少年时正逢吴三桂谋反，云南政局连年混乱，再加家道又日趋贫寒，为生计糊口，董善庆只得在雒马井附近几个盐井地区给人充当私塾教师，直到康熙四十九年（1710 年）才应科试，由州儒学廪生考取贡生。此时董善庆已 50 岁了，他也无意仕途，遂自己设馆教书。

澜沧江西岸有个三七村，这里本来是明朝政府“改土归流”后所设的云龙州最早州城驻地，建有城墙和衙门、学宫等设施。董善庆在雒马井教书多年，因见三七村山清水秀，

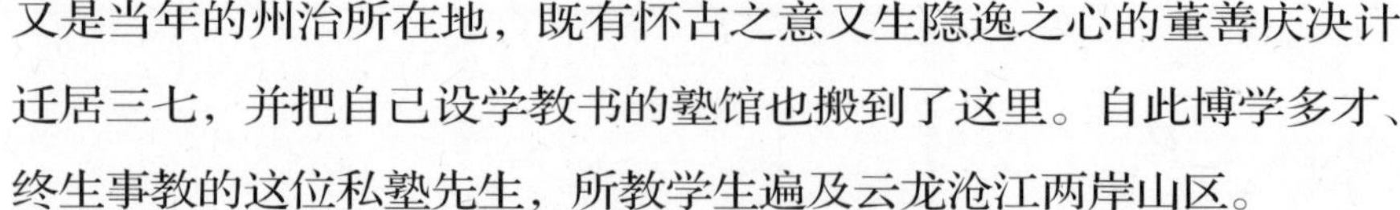

又是当年的州治所在地，既有怀古之意又生隐逸之心的董善庆决计迁居三七，并把自己设学教书的塾馆也搬到了这里。自此博学多才、终生事教的这位私塾先生，所教学生遍及云龙沧江两岸山区。

晚年的董善庆，非常喜爱考查地方古迹。三七村附近有明代段氏土知州的居所，段氏统治旧云龙州数百年之久。董善庆教学之余，经常寻访段氏家族后人并搜集旧云龙州的历史典故，同时广泛采访地方野史和民间传说。经过日积月累的“访古、得知故老传闻而随笔记之”，他将搜集来的典故传说整理后编写成一册名为《云龙记往》的著作。

董善庆写的《云龙记往》，后来易名《江外野史》，这是比较系统地反映云龙古代史的唯一一部著作。新中国成立后，《云龙记往》的重新发现引起了国内史学界高度关注，很多专家、学者都认为，这部著作对研究中国西南地区少数民族历史具有极其重要的参考价值。

多才的诗人黄桂

诺邓村黄氏先祖黄孟通是福建邵武人，明成化二年（1466年）到诺邓任职五井提举。后因所辖顺荡井盐课任务未完成，朝廷究责，令其子孙补征盐课，黄孟通致仕回归福建，其后代留籍诺邓衍为一个黄氏大家族。黄孟通离开诺邓时留下一首充满乡愁情绪的诗：“荣仕滇南近十秋，闷对青山作酒筹。君恩放归思故土，诺阳风脉却难丢。留下儿孙居此地，祟山当作铁幞头。他日帝都若相会，只说邵武是故州。”寄托着对后人科举扬名的殷殷希望。

清康熙三十九年（1700年），黄孟通第十代孙黄桂出生了，“自幼清姿挺拔，器宇豁达”的黄桂为诺邓黄氏家族的人文复兴翻开了光彩的一页。

青年黄桂虽学识渊博、才华出众，又为人正直、急公好义，胸怀大志欲报国家，却因家境贫寒，纵有满腹经纶，仍然只能在诺邓村设馆教学。为承祖先遗训，黄桂数应科举，但直到47岁那年才和他的学生马锦文一同应乾隆丁卯（1747年）科乡试中举。考取举人后朝廷欲委以知县，因他年事渐高而转任永善县教谕。到黄桂60岁时，他儿子黄绍香亦在乾隆庚辰（1760年）科乡试考取举人，自此他“林下优游，不欲为五斗米折腰，尤是雄心稽古，矢志著述”，至75岁寿终。

在云龙历史上，黄桂是当之无愧的第一个著名诗人。黄桂的诗作被当时的名家给予很高评价，《新纂云南通志》载：“先生诗名噪甚，惜遗稿不概见，犹记其出滇南胜景起句云：‘半生为地限，今日出滇南。’其辰州道中云：‘老奔黔道千

省级历史文化名镇——宝丰

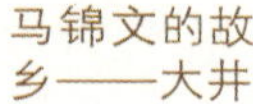

山马，寒卧辰州十日船’，皆警句也。”《国朝滇南诗略》录黄桂诗作数首，被评“笔力纯是杜韩家法”，“确是盛唐风格”。除了诗作，黄桂的散文著作在云南也别具特色，在清代《皇朝经世文编》中收有黄桂上书的平缅靖边等策，很受朝廷重视。

诺邓黄氏家族自黄桂以后，科举益盛，清代云龙历史上的三名进士中就有黄绍魁、黄云书两人出自黄家，而族中考取贡生、秀才等等更是不胜枚举。

云龙第一个进士马锦文

清朝雍正三年（1725 年），云龙大井村马家出生了一个“生有异质，聪明绝伦”的孩子，取名锦文，别字梅阿。父母见少年马锦文天资超群，遂翻山越岭十多里，把他送到在诺邓村设馆教学的著名学者黄桂处启蒙受教。马锦文 22 岁那年，与自己的老师黄桂一

起参加省城的乡试，师生竟双双中举。

马锦文中举 6 年后赴京赶考，中乾隆壬申（1752 年）科进士，时年 27 岁的他成了云龙历史上第一个获得进士功名的人。

因清廷先授马锦文以“翰林院检讨”之职，云龙地方上一直称他为“马翰林”。后来他又被授予山东道监察院掌管、广西道监察御史、署户科掌印给事中、兼巡视东城、敕授奉直大夫（从五品阶）等职，其所得官职几乎都具有监察官吏、建言进谏的职责，这是与他为人刚直不阿、清正廉洁的品性分不开的。因此后人说他“直声丕振”，评价他为“正色立朝，敢直抗言，有名臣风，所上奏章多中时弊，宦官为之敛迹，名震京师！”

在云龙民间，流传着许许多多“马翰林”助学乡里、博学多才的故事以及他在朝廷廉洁奉公、一身正气和不畏权势、弹劾权奸的传说。并说他 38 岁就中年早逝，也是权奸下毒谋害。因马锦文是“夙夜勤劳国事，积劳成疾”而卒，乾隆帝令其亲人扶榇归里，特下谕“素棋出都门，公卿大臣设酬奠送”。从北京到云龙迢迢万里，马锦文的棺材所经之处皆穿城而过，地方官吏出迎路祭，对一个官阶只有从五品的人，如此礼遇是罕见的。

马锦文所著许多文稿未能刊印，多佚失。但也留下一些诗作如《圣源寺春漫兴》《寺楼观洱海》等，还有大井西竺寺题联：“妙相归来，西竺添花，瑞霭东池辉古桂；大雄出现，南山寿曜，遥瞻北阙献苍松”等。而后人在马锦文纪政碑上所题的“柏台执简魁多士，云甸开风第一人”，则生动地记述了马锦文作为云龙第一个赴京考取进士的人才，不愧为“开风第一人”！

白族名宦杨名飏

滇西自古多名士，而在清代政界人物中，杨名飏可称得上为白族官宦人物中的佼佼者。

杨名飏于乾隆三十八年（1773年）七月初四出生在云龙州石门井。他6岁入私塾，19岁考取优贡，因受学使器重乃随之进京任儒学教职。杨名飏在京城工作几年后回云南，从22岁到35岁，他先后在临安（今建水）府、鹤庆州、楚雄府等地担任学正、训导、教谕等职。

1808年杨名飏赴乡试中举，第二年赴京会试虽未考取，但已得朝廷安置于陕西任职，先任汉中府经历，随之十余年内先后"署凤县、沔县（今勉县）、褒城、略阳、西乡、安康、山阳等县，政声卓著，旋省极力赞扬"，到47岁任镇安县令一年后即授鄜州知州、汉中知府。清道光帝数次召见杨名飏，说他"官声本好，我已早闻"，欲另调职。因按察使邓廷桢等力求杨名飏留任陕西，道光特谕："朕于二十八日召见杨名飏，看其器局，明练精妥，汝其留心查看，不止能胜要缺知府之任也。"此后杨名飏被授朝议大夫，接着调西安任职，先后授延榆绥兵备道、陕西按察使、陕西布政使等职。

清道光十四年（1834年），61岁的杨名飏出任陕西巡抚，兼兵部右侍郎衔、都察院右副都御史衔。道光十六年（1836年），道光帝8次召杨名飏进京言事，特授资政大夫（正二品），代道光帝"华岳拈香"，委为乡试监临官、满汉武乡试监临考试官。

1837年，杨名飏致仕回云龙，"秦境士民扶老携幼郊送千五百里"。几年以后，杨名飏的长子杨溯濂乡试中举，后为当朝内阁中书；次子杨溯泙亦先后任余杭县令、兴化知府；三子杨溯淇则为江南候补同知。咸丰元年（1851年）五月十三日，杨名飏去世，享年78岁，卒葬云龙天登五花落。

杨名飏在滇、陕两省都有良好的政声，他的好朋友、中国历史名人林则徐曾撰联语赠曰：“点苍南去钟英地，太白西来建节天。”杨名飏在陕西广受赞誉的事迹主要是：爱戴百姓、保境安民；移建略阳城，倡修西安灞桥，广拓“三秦”道路；集资奖励学子，重建府县书院；治水防洪，兴利除弊，筹谷修仓赈灾；重视古迹保护、整编典籍史志；等等。特别是他在陕北地区指导农民开始学种洋芋以解决温饱，在陕南地区指导汉中农民栽桑养蚕以增加收入，至今两地农村仍大得其益！

杨名飏致仕还乡后即全身心致力于地方经济社会事业的发展：他将内地生产技术带回云龙乃至迤西一带，倡导地方改良农业、种桑养蚕；他指导云龙人正确使用汉语，又创办“彩云书院”，为云龙近代教育发挥了奠基作用；为了改善和发展交通，他还大力倡修全县各地的道路桥梁等等造福群众，做了许许多多利国利民的好事，一直为后人所敬仰。

民初滇系政要人物王九龄

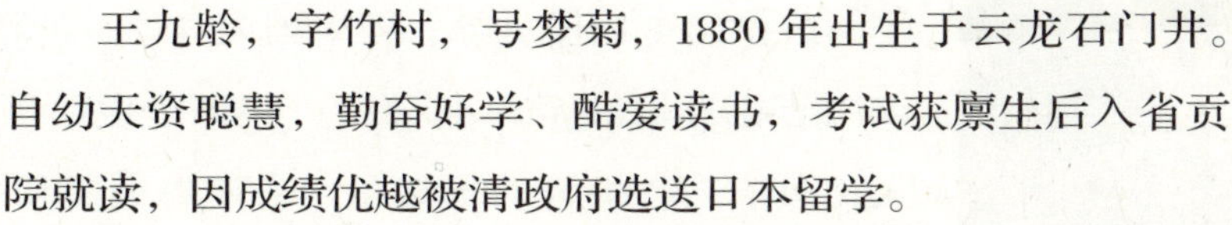

王九龄先生像

王九龄，字竹村，号梦菊，1880年出生于云龙石门井。自幼天资聪慧，勤奋好学、酷爱读书，考试获廪生后入省贡院就读，因成绩优越被清政府选送日本留学。

1905年，王九龄在日本追随孙中山先生加入同盟会，并奉孙先生指令回云南活动，因人告密而再度到日本。1906年，王九龄参与云南反清组织“兴汉会”。辛亥革命前夕，他与同盟会其他会员积极投入了反帝、反清的大革命运动。中华民国成立后，王九龄在云南军都督府、督军署担任政务、军事、外交、财政等方面的重要职务。此后又积极投身讨伐袁世凯的护国运动，为推翻帝制、建立共和而竭尽全力。

从1912年起，王九龄先后担任安平同知、呈贡知县、景东直隶厅长、云南督军公署秘书长、留学生经理员等职。

1920 年又任云南省议员、云南造币厂厂长和联军总司令部军事参议、军法处长、云南军署军法课长。同年，云南军都督唐继尧特命省参议员王九龄和军都督秘书官董泽共同负责筹备创办培养云南高等人才的“东陆大学”。

1922 年王九龄任禁烟局督办、靖国军军饷主任、省财政司司长、富滇银行总行长及云南高等法院委员。同年，他与董泽通过多方努力终于建起东陆大学（即今天的云南大学），王九龄担任名誉校长和董事。

在反帝反封建的大革命时期，1925 年 3 月，身为云南财政司长的王九龄作为云南督军唐继尧的代表，被北京的段祺瑞政府任命为中央教育总长。然时值学潮，王九龄上任即引起北京各校师生反对，于是任职不足两月即托辞离职回云南。但鲁迅先生在《两地书》中却说：“由我看来，王九龄要好得多罢。校长之事，部中毫无所闻，此人之来，以整顿教育自命，或当别有一反从前一切之新法。”

自 1927 年后，王九龄历任云南省省务委员、云南总检察厅总裁委员、云南盐运使、蒙自海关监督、省议会联署议员、云龙县顾问、云南省佛教会理事长等职务。1949 年，王九龄为促进云南和平解放做出了积极贡献；新中国成立后，他以宗教界人士身份参加云南省第一届政治协商会议，并将毕生珍藏的文物古籍捐献给省人民政府，还担任省参议员、云南省人民和平促进会理事等职务。1951 年 9 月王九龄在昆病逝，终年 71 岁。

云南大学的首任校长董泽

明成化年间，大理喜洲的董万卷等人开发雒马盐井，清代后期雒马改称宝丰。光绪戊子（1888 年），宝丰董氏后人董泽出生了，董泽与他两位堂兄董坊、董钦后来被地方称为“董氏三贤”。

董泽先生像

董泽少年时父亲早逝，母亲含辛茹苦供他读私塾。因得两位堂

董泽故居

兄资助，董泽 18 岁时离开宝丰就读于大理府院，再后又考入省贡院。1908 年，20 岁的董泽考取了留日公费生。在日本学习期间，董泽加入了同盟会，积极参加反清活动。

1911 年辛亥革命爆发后，远在日本的董泽立即回国投入革命，并参与筹划进攻南京总督府。不久，董泽回滇担任云南军督府秘书。云南军都督蔡锷对董泽深为器重，为鼓励其为云南地方发展服务，乃于 1912 年由都督府保送他赴美国留学。董泽赴美期间曾回滇参加蔡锷等人发动的倒袁护国运动，并就任护国军总司令部秘书及驻香港联络员等职。护国运动胜利后又再度赴美深造，于 1920 年获硕士学位。

董泽离美回滇后娶云南督军兼省长唐继尧之妹为妻，他向唐继尧建议云南单独创办大学，唐乃委托董泽与教育司长王九龄共同筹建办学。经两年多艰辛努力，终于在 1922 年 12 月成立了中国西南地区的第二所大学——东陆大学，董泽

被任命为校长。直到1930年云南省政府决定改私立东陆大学为省立东陆大学，董泽才辞去校长职务。董泽主持大学工作期间，既认真于教育管理，亦加深自身学术造诣，1925年他又获“法兰西科学院院士”称号。

除担任大学校长外，董泽还先后担任了云南教育司长、财政司长、交通司长和富滇银行总办等职务。在交通十分落后的云南，发展交通是发展经济的首要条件，董泽任交通司长后即拟订了修机场、修铁路、修公路等方面的计划。在他不懈努力下云南第一条公路修起了，而滇缅公路雏形亦已出现。

董泽故居

自20世纪30年代起，董泽基本息隐家园，有时也出任一些闲职。40年代后期，董泽将自己在故乡的私产全部捐献地方用以创办云龙第一所农职学校。新中国成立后，董泽还担任过省人民代表、云南省高等教育委员会委员和省政协常委、省政府参事等职。1972年董泽在昆明病逝，享年84岁。

漕涧：春天不愿离去的地方

留心地图的人们不难发现，在澜沧江和怒江挨得最近的地方，有一个滇西峡谷中的边陲古镇。这就是西汉时期设置的嶲唐县所在地——云龙县漕涧镇。

从漕涧所处的地理位置上看，漕涧坝子的东面是三崇山，属云岭山脉，漕涧坝子的西面是志奔山，属怒山山脉的余脉。用“怒江大峡谷”来统称云岭山脉和怒山山脉之间的这一区域应该是准确的，而漕涧坝子可算是这一大峡谷的起点和进入大峡谷的门户。

漕涧镇地处大理、保山、怒江三州（市）接合部，是大理州的西大门，通往怒江大峡谷的必经之地。漕涧镇国土面积为393.65平方公里，镇政府所在地海拔2040米，漕涧坝子的海拔介于1950~2120米之间。是大理州20个小城镇建设重点镇之一。 由于受高原气候和怒江、澜沧江水汽共同作用，漕涧雨量充沛，植被茂密，呈现冬暖夏凉、四季如春的地理气候特点。同时，这个地方还世居着以白族、阿昌族为

阿昌寨——仁山

主的多种少数民族，古老的人类文明与大自然的精妙绝伦，构成了桃花源式的美丽景观。

一个春天不愿离去的地方

20 世纪 90 年代，我在云龙县教师进修学校工作，我的一位阿昌族学员是漕涧仁山小学的民办教师，他热情地对我说："去我们家乡漕涧玩吧，我们那里是怒江和澜沧江挨得最近的地方，是个春天不愿离去的地方。"

正是他的这句话，让我对这个地方无比向往。于是在一个有着明媚阳光的秋日，我向着这个传说中的春天栖息的地方启程了。

漕涧是一个四周群山环抱的坝子，夏无酷暑、冬无严寒，是一个真正四季如春的地方。翻过三崇山就可看到湛蓝的天空下大气的峡谷景观，高山峡谷呈现出不同的气候特征。远处，终年不化的三崇山的诸多雪峰耀眼醒目，志奔山、道人山、鸦顶山、雪鱼山、雪虎山的半坡至山麓却是层峦叠嶂，郁郁葱葱，一片浓浓的绿。群山海拔高低悬殊，山顶上覆盖着白雪，雪线以下却被云南松、高山云杉、杜鹃林等树木包裹得严严实实。时令已是深秋，但这里依然苍翠欲滴，繁花似锦，绿草如茵。

山涧在群山中蜿蜒，涧水像一条条琴弦从众多的山峰间唱着欢快的歌一路跳荡着奔向绿色的田园。空讲河由北向南贯穿整个漕涧坝子，雪白的梨花点缀着两岸，金黄的油菜花

条条块块。稻菽飘香的广袤田畴与村落瓦舍相连，青堂瓦舍的白族民居炊烟袅袅，随意地镶嵌在绿荫之中，好一派“不是春光，胜似春光”的金秋景象。

穿行在空讲河边厚重的历史积淀中

顺着与怒江州交界的分水岭密林遮蔽的公路向下行驶，一路伴随着空讲河在漕涧坝子上穿行，刚才还是凉飕飕的空气逐渐被温暖湿润的河谷气流所取代。

很快就到了古镇漕涧。漕涧镇历史悠久，曾有新石器时代文物和汉唐以后的青铜器出土。据专家考证，漕涧是西汉时巂唐县的治所。漕涧古称旱竹村，明朝洪武十五年（1382年）设漕涧土千总；清初称荣里，民国初设云龙县第四区，并设县佐（县政府派出机构），民国十九年（1930年）改为第五区，到民国二十五年（1936年）裁撤，民国二十八年（1939年）又改为永丰乡；1949年设漕涧区；1955年3月划归怒江州泸水县，当年11月归回云龙县；1984年撤区设漕涧镇。

漕涧是座名副其实的古镇，仅仅漕涧街就有2万多人口，是云龙县最大的集镇。历史上漕涧街市繁华，商旅辐集，各种铜匠铺、铁匠铺、银匠铺、皮匠铺、扎染匠铺、木匠铺、木桶匠铺、马鞍匠铺遍布全镇，商店、旅店、饭店、马店热闹非凡，是内地和保山、腾冲到达缅甸的盐马互市贸易古道上的一个重要节点。古镇老街上的光滑石板路，仿佛记录了千百年来的沧桑变迁。每年，漕涧有大量的粮食、大板、木桶、马鞍、皮革、药材、土布等农副产品输往保山、大理腾冲等地，云龙“五井”地区的食盐也要经过漕涧销往保山腾冲及缅甸。民间有“搬不完的漕涧，填不满的保山”之说，

❶ 阿昌梯田
❷ 漕涧古镇
❸ 雾锁阿昌寨

❶ 漕涧玉皇阁

❷ 漕涧观音寺

反映了历史上的漕涧与保山之间商贸往来的繁荣，也反映了漕涧物产的丰富和漕涧作为滇西古道上的一个重要驿站商品经济的发达。

抗日战争时期，预备2师、36师、28师等抗日军队和野战医院、兵站、航空电台重兵集结于漕涧，有一段时间，以张问德为县长的腾冲抗日政府也曾经在漕涧办公。漕涧成为滇西抗战中中国军队渡过怒江越过高黎贡山反攻腾冲、松山、龙陵的重要集结地和出发地。

漕涧坝子与怒江州首府六库隔分水岭相连，是怒江峡谷南端的主要延伸地段。站在分水岭南望，阵阵暖流扑面而来，空讲河开阔平缓，河边树林蓊郁，苍鹰在碧空翱翔，黄鹂在枝头歌唱。两岸绿油油的麦田、蚕豆苗和蔬菜散发着芳香，油菜花在晨光下闪着金光，成群的蜜蜂在上面嗡嗡作响，座座白族传统风格的民居院落十分抢眼。

镇子西端山岗上的玉皇阁、三崇庙等寺庙建筑群，飞檐斗拱，巍峨壮观。玉皇阁建于明代天启年间，在20世纪50年代被毁，近年得以复建。三崇庙则在明代修建以来，一直保留至今。“三崇老爷”据传是明代“三征麓川”的兵部尚书王骥，曾经屯兵漕涧，被云龙县的白族群众尊为本主。

仁山村，翠竹环绕的阿昌人家

大家都知道，云龙县澜沧江流域是历史上阿昌族的聚居地。当时云龙境内的阿昌族主要居住在今澜沧江以西的表村、旧州、漕涧一带。阁罗凤西开寻传，置寻传于统治之下，并移西爨白蛮20万户于滇西，大批移民带着洱海地区的先进生产技术和文化进入寻传之地，客观上促进了寻传地区生产力

的发展，逐渐改变了原始的生产方式和经济结构。汉人、白蛮在阿昌地区行商获利，不断随商迁来。阿昌族先民受客商的侵利，一部分向西南迁徙，15~16 世纪已部分定居于保山境内和德宏州陇川、梁河、盈江一带。至近代，云龙境内的阿昌族大部分融合于汉族和白族之中，但少部分地区如漕涧坝子仍有 2000 多人在语言和文化心态上仍保留着本民族的某些特点，主要聚居在漕涧的仁山等地。正因为如此，在仁山村前颇有阿昌族特色的石牌坊上，篆刻着“阿昌之源”四个大字也就不足为奇了。

漕涧镇仁山村是一个阿昌族聚居的村庄。面朝漕涧坝子，背靠三崇山脉，依山麓迤逦展开，小桥流水，花红柳绿，丛丛翠竹环绕着一户户人家，一座座青瓦白墙的农家小院在袅袅炊烟中显示着它的静谧与富足。

阿昌人十分好客。走进友人家的大门，正张罗饭菜的老人热情接待了我们。他们家是典型的阿昌族民居形式。正房较高，面对照壁，老人居住在楼下，楼上是客房和敬祖房。房顶全为青瓦，两侧的厢房略低，由晚辈居住。前院临街的房屋，楼上的仓库堆满了稻谷、玉米，梁上成排地挂着火腿腊肉，楼下作为铺面出租。房前是宽大的厦子（外廊），厦子是漕涧一带阿昌族民居重要的组成部分。

席间，一大桌菜全出自本地，风味独特的火腿肉、狗肉、红豆芋头汤和苞谷酒让我印象很深。特别是狗肉，清光绪《云龙州志》等史籍多有阿昌族“宴必烹犬”的记载，狗肉和红豆芋头汤被这一带的阿昌族人称为“阿昌菜”。

秋季的三崇山麓阳光充足、气候干燥，阿昌人家家都腌制数量很多的火腿。火腿大都取本地山上放养的生猪，宰杀后的猪腿肉抹上盐、烧酒、火硝，然后挂在通风的梁上风干即可。条件好的家庭还在火腿上包裹白棉纸，

❶ 嶲唐民居
❷ 阿昌民居
❸ 家园
❹ 希望的田野

3
4

抹上灶灰。由于生猪放养，独特的气候条件和山上的灌木柴禾灰，漕涧的火腿肉不像其他地方那样咸，味道极为清香鲜嫩。

让我们大为赞叹的还有这里的苞谷酒和大麦酒。由于特殊的气候条件，当地盛产苞谷、大麦，用它们所酿制的酒，醇香扑鼻，味道甘甜。

这里的村民尊老爱幼，和谐相处，团结互助。他们没有时间概念，一年除了农忙那几天外，每天的“工作”就是喝酒、吃饭、睡觉、聊天和看电视。生活上也基本能够自给自足，每年采摘的野生菌、木耳以及核桃、板栗、桃、梨还能卖上不少钱。所谓的人与自然和谐相融，在这里得到了很好的印证。

漕涧雪景——雪鱼雪虎

踏上『十八寨』

云龙宝丰庄坪“十八寨”，“差似扶摇羊角上，不胜曲折马蹄盘”。需十八道拐弯才能翻越兔拢山垭口，故称“十八转”，古时叫“石坝寨”，到明万历初叫成“十八寨”而沿用至今。

“十八寨”盐道在明代前就开通了，后经盐井大户和搞运输的“马锅头”们逐步拓展和维修。大量的考古工作发现，人类早在公元前 6000 多年就开始从盐水中提取食盐。中国盐的使用时间很早，山西解池盐田至少在公元前 6000 年前已经存在。中国古代文献也多有盐的记载，例如《尚书·说命下》说“若作和羹，尔惟盐梅”。由于人们对盐的普遍需求，就有商人自行采盐、运盐谋取利润，盐官、榷盐是要阻止商人的这种行为，把采盐的利润收归国有。根据专家学者的研究，茶马古道的演化经历了“分段的马帮古道”—“局域的盐运古道（盐马古道）”—“远征的茶马古道”等过程。即“盐马古道”早于“茶马古道”。《汉书·地理志》提到了横断山西侧的盐运古道，并把“盐官”的存在作为一种主要描述，如“犍为郡，武帝建元六年（公元前 135 年）开，莽曰西顺，属

益州。……僰道，莽曰僰治。……有盐官、铁官。……符黑水所出，北至僰道入江。又有大涉水，北至符入江，过郡三，行八百四十里”。因盐而《汉书·地理志》云“西汉元封二年（公元前109年）建县，名比苏（今云龙县）”，属益州郡。到唐代，盐运古道分布点更多，例如《新唐书·食货志》载：“有盐池十八，井六百四十。”《新纂云南通志》记载：“汉代云南二井，即安宁井，云龙井。”《滇南盐法图》第四帧是云龙井，在今天大理白族自治州云龙县。“云龙井”中最著名的是“诺邓井”。唐代樊绰《蛮书》记载，在南诏时“剑川有细诺邓井”。唐时，云龙属剑川节度地，而“细诺邓井”即今之诺邓井。到了明初，云龙境内共计有“金泉，天耳，石门，诺邓，山井，大井，师井，顺荡”等八大盐井，称为“云龙八井”。洪武十六年（1383年）设五井盐课提举司于诺邓。“嘉靖五年（1526年），提举司改建雒马”［见明泰昌元年（1620年）七月，知州周宪章《议裁云龙甸巡司详文》］，设于原盐局所在地。设雒马总戎署（现宝丰完

十八寨古道

小所在地），后“新署（州府）在雒马者，系明范总戎故署”（雍正《云龙州志》）。雒马巡检司设于现宝丰桥头东南侧箐口，至今白语还叫该箐为“石底石旱”，是巡检司箐的讹音。明代初在云龙设立“盐课提举司”“流官吏目总戎署”和“巡检司”，都是主要管理盐税和盐运通行等。到了清朝，改盐课提举司为“盐课大使司”。到了民国，改盐课大使司为“盐井场务署”。明泰昌元年（1620 年）巡抚沈敬炌奏请改土官设流官，即“改土归流”，明朝廷正式委派了第一位流官周宪章，周知州在旧州三七建城，“始于壬戌（1622 年），落成于甲子（1624 年）”。城墙周围长 460 丈，城墙厚 4 尺，有东南北 3 道城门（《建城碑记》）。明崇祯二年（1629 年）知州钱以敬以“云龙盐为要务”为由，“移政就卤”（州府从

旧州迁到雒马井），即“因井设治”（井即盐井），雒马井（宝丰）在明末、清代到民国中期为云龙县府所在地，“统摄八井”历经300年，历任90位知州（县长）。为了更进一步管理好盐井，特别是运输、销路等各项事务，明清时期由官府采用“辟土凿石，大施经营，相地势之起伏，高者平之，下者砌之，狭者辟之”等施工方法，逐段大修，而形成完整的官府修筑、管理的“十八寨”盐道。是老官府（旧州）与新官府（雒马井）之间的大通道，庄坪还设有“接官登”，即迎接官员的场所。“十八寨”可称得上是明、清和民国时期云龙的“官府大道”。

走在古道上，眼前的秋景，引起对宝丰历史的追忆：境内的南新下科浪村出土的青铜剑、青铜斧等青铜器其年代约为战国初期，白衣阁村近期出土的三件青铜斧（待鉴定）。明嘉靖二十九年（1550年）杨慎编辑《南诏野史》“南诏古迹”载“石观音像”（当地俗称“灵岩佛影”）条目：“云龙州雒马井温泉燕子窠绝顶，有石观音像，右手拄杖南（行），天然如刻画。”云龙第一部志书，即王泭（注：泭字应有竹字头）清康熙《云龙州志》（此志书始写于明天启年间，成书于康熙年间），原本藏于美国哈佛大学汉和图书馆，北京国家图书馆古籍部有缩微胶卷影印本（李晓岑、朱霞提供信息，且2009年12月由云南人民出版社出版的朱霞著《云南诺邓井盐生产民俗研究》中主要参考文献之一即是康熙《云龙州志》）。现云龙只有清雍正《云龙州志》（原俗称“云龙第一部志书”，雍正《云龙州志》应为“云龙第二部志书”）载：“仙释，唐，张果，玄宗开元二十二年（734年），以韦济荐，拜银青光禄大夫，赐号通元先生。江畔驴蹄八迹，世传果之遗事也。”明代官吏艺文多称“雒马仙踪”，井名“雒马井”，山名“小雒马山”“大雒马山”，河名有“雒马小河”，桥有“雒马桥”等等。到光绪《云龙州志》进一步证实：“州署东石壁如螺旋中有张果驴蹄迹，入石莓藓不侵，雒马之得名以此。”雒马形势，雍正《云龙州志》载：“《通志》曰：‘后阻澜江，前带沘河，崇山复岭之中，号称巘郡。’

十八寨古道

《郡志》曰：‘崇山耸镇，黑水（沧水）横流，卤涌利源，溪多蛮寨，抚绥得所，庶使众志可以成城。’今按州治，龙山作扆象岭为屏，泚水环抱，虹桥当关，虽无城郭，俨若金汤。……地产八井，课饷交驰，……经营而防御之，盖有不容缓者矣。”雒马井（今宝丰）“明初盐井开采，年产盐三万余斤”（《云龙县志》），是云龙“八井”之一。明崇祯二年（1629 年）云龙州治从旧州三七村迁至雒马井（宝丰），至民国十八年（1929 年）一直为云龙州（县）治所在地，成为云龙政治、经济、文化中心。

云龙雒马井“盐马古道”，东线至箭杆场、云浪分疆、洱源到大理。南线至瓦草河、新安村、坡脚、干海子到永平龙门后入博南古道，往西至霁虹桥、保山、腾冲出缅甸，往东至太坪铺、云龙桥到大理；民国初南线可由大栗树、功果（由宝丰董坊先生建澜沧江

十八寨古道

上的青云桥，开辟道路）、瓦窑、保山。北线至邮亭、石门井、诺邓井、关里、顺荡井、兰州（兰坪）、通甸、西藏到印度噶伦堡。雍正《云龙州志》载："西自州治起，十五里至箐门口，又三十里越十八寨至者罗哨，又二十五里至澜沧江苏溪大渡口。至此，山势开展，分南北两路，一自大渡口西南行五里，至三七旧城，又八里至旧州，又三十里至汤涧，又二十里至汤邓，又三十里至三台坡，又二十里至雪冲，又二十里至漕涧，又四十里至孙足。共二百五十里交保山县界。一自大渡口西北行七里至下坞，又四里至址冈，又五里至松牧村小渡口，又十里至鲁羌。此间又二路：一西北行七十里至赶马撤，又六十里至六库。共二百二十六里，交潞江、片马、鱼洞隙地（到缅甸）。一北行四十里至铁门槛，又三十里至早牙，又十五里至表村。共一百一十五里交兰州。"这一记载充分证明古时"十八寨"路及"者罗哨卡"（今称上下哨）之重要。

董善庆（宝丰人，后随栖居旧州三七村）于清康熙中后期著《江外野史》，到乾隆五十六年（1791 年）时任云龙知州的山东人王凤文修订并更名《云龙记往》载："自段氏失职，夷民无统属，劫杀累累。当是时，粮赋已有定额，五井之人多置田亩于江外者，者罗哨一带为野贼之场，道路梗塞，时熟不能收租，州人患之。"即明代嘉靖年间开始，宝丰等盐井地区的大户到旧州粮食丰饶地区购置田地和开辟庄园等农事活动。如金和"董家庄园"应于明嘉靖初期购置和开辟。当年"董家庄园"所辖的土地面积是金河北岸一片，南岸为杨家所属。整个"庄园"，包括水田、旱地、沟渠；休闲型兼总管理处和仓储的"四合院"，坐落在沙坝村最好的风水宝地上，即现在金和村委会驻地；管理用房的"小庄园"（庄房）居"四合院"北面约 1000 米处的高平台上；粮食加工设备应有杵臼、脚碓、水磨、水碾等。可惜的是如今"四合院"

和“小庄园”（庄房）都被拆毁，四合院遗址旁有三棵古树，属四季常青的重阳木。路旁堆放着很长的踏步石三条以及被锯成短截的木构建，石碾槽已用成引水渠槽，石碾盘被铺成路面。小庄园（庄房）遗址变成农田，现成为一个“庄房社”的社名而已。

旧州一带的“庄园”是为确保盐井地区的粮食供给，保证盐井的正常生产和经营而建，但因当时宝丰庄坪十八寨、上哨、下哨一带多有强盗，江外的粮食运不回来，八井的盐巴运不出去，州府对此很不满意。明嘉靖四十年（1561 年），段早邦带着文显幼子段绶，从邓川州返回云龙五井，向当地酋长诉说事情始末，要求他们保举段绶承袭世职。双方对此订立了盟约，后段绶复袭云龙土知州的世职，在各关隘、要道设立哨卡防守，盗贼就全部平息下来，各项运输回归正常。

“十八寨河”发源于兔拢山，下游叫“雒马小河”又称“小河箐”，流入沘江，古时“近河之柴（煮盐用柴），置闸蓄水冲放”。小河旁边多置水磨、水碾，而今，只有水磨坊地名而已，其他全无。当年为了保护生态，而又确保盐井的正常生产用柴，雒马等盐井地区在沘江上游的兰州（兰坪）、顺荡、白石、松水、杏林等地区购置山林，是为确保煮盐的燃料“柴”。雍正《云龙州志》载：“柴自兰州、顺荡一带砍伐，前一年运入溪侧，竖木闸水，积日使多，陡放冲行，名曰水仓。一次仅行半里，如此数十次，方到江畔。至春，沘江水涸放入，沿江巡推，积月方至。”当时盐柴是通过沘江水冲运至宝丰等盐井地区，为柴纠纷不止，民国云龙知事丁润身《治云要策详》对盐井业柴治理有文：“云属以井为生，业柴之商富者居多，柴山系在沘江两岸，冬春伐木，夏秋放于沘江漂流至井，获利亦属不赀。向例江头柴先放，江尾柴后放，人心变诈，不循古规，注意漂放。”“互相混流，彼此争执，诉讼繁兴，柴上无号，曲直难分，有力者胜，无力者负。”“须先到警察事务所领取执照，编发做柴符号。候柴伐毕，应报由警察事务所量勘登记，方准放入江内。”一改原来混乱的“劣绅之专制”管理恶习，促进了人权的实现。当年“庄园”和“柴山”为盐井地区解决了粮食、燃料等供应问题，确保了出卤水地区生产生活的健康发展。

“盐官”“榷盐”的出现，充分证明以盐井为中心形成了盐道。古人曾这样描述云龙的自然风貌：“崇峰铁坎，重罗山外之山；兰津带河，迭裹水中之水。”也被誉为“山国”，开山辟路之艰难可想而知。因人类对盐的依赖，盐马古道具有不可中断的顽强生命力。盐马古道要传递生活必需品——盐，必须延伸到所有人类居住的村寨、都邑、牧区、销岸等。由此形成以盐井为中心的一条条古盐道网络。盐马古道的主干道由此得以畅通和繁荣。这条“十八寨”“盐马古道”路

是采用“相地势起伏，高者平之，下者砌之，狭者辟之，森者伐之，崖者凿之”等方法开辟出来的。个别路段有护坡，大多数路段用石板铺就，转弯和险地路段比“五尺道”还要宽。有陡坡的地段分别砌有石阶梯，较大的山坡路段都有“之”字形的转弯，整条道路的坡度适中，特别符合骡马驮运行进的规律。当年就非常强调人性化设施的构建，遇箐沟架石桥，在宽敞一点的“十八寨河”边修了“歇脚站”几十处，供马帮半路下驮休整、饮马喂料、吃午饭等，还修有大量的路边歇脚台，供背盐的人歇脚送气。线路走向都是根据马的行走规律测定，古人采用“趋易避难”的原则，充分说明其选线及施工的科学性。此道也是古代山区道路设计、选线、修筑的典范。

“十八寨”上段有赤松、铁杉、红豆杉、榧木等古树遮天蔽日；下段有苦松、水冬瓜木、白杨、栗木等杂木成林。现石板路中间长满杂草和青苔，特别是各种山野果实横搭在古道两旁，山泉箐溪潺潺，渴了就摘一片树叶，且折成勺样，舀一勺山泉水喝。当你饥肠辘辘时，路边顺手摘一把熟透了的鸡嗉子果或棠梨果，就能填饱肚子。行走在山高林邃、箐隐河深的古道上，突然想起古时的两首与盐路有关的歌，即《背盐歌》：“阿妹走过背盐坡，身上背着两坨盐，满路唱山歌。漕涧山顶你翻下，高黎贡山不必说。腾冲街上盐价起，买烟丝给哥。”《有命不怕家乡远》：（白语）“阿依掐买巩斗王，庯梯大安时呢尔，资顶们安家。劳子恰保高散帮，栽考赞保阿皮箱。资灭奔格韩东端，狂狂楞回家。”（汉译）“阿哥赶马到腾冲，小妹你也跟我去，在前方安家。骡子赶它两三帮，银钱积它几皮箱。有命不怕家乡远，慢慢地回家。”云龙井盐的运输销售，不知多少代人奔波在这条古盐道上，不知多少人在这条道上成就了一番事业，也不知多少人在这条古道上丧失了生命……

站在“十八寨”上，回望“雒谷烟云”之景，“沘水南流，两峡高峡耸峭，每微雨初霏，积朝将霁，则薄雾轻烟，浅深掩映或峰巅半露，或树影斜拖宛如米画”。远视“诸山梵呗”之古刹，“州

署西南，诸峰幽胜，崖畔丛林相望，暮鼓晨钟，半空飞来，劳攘中发人深省”（雍正《云龙州志》）。此时此景，人生能有几回赏识？只有深入田野，贴近生活，才能真正领略到大自然之奥妙和美丽！

因社会的发展，而今的“十八寨”在老人的视线中逐步消失，对年轻人来说，更是没有那么一条路的存在。为此，有的人偶然碰到一段被岁月、风雨、马蹄打磨得光滑发亮的道路而惊诧不已！

当你踏上幽深的古盐道，眼前光滑发亮的马蹄踏出的凹凸石板路，不时变换着古老而又自然物化的风貌。盐道蜿蜒延伸，安全畅通无阻。走在古道上给人清新隽永的感觉，给人一种回归自然的意境。

走在这条“盐马古道”上，又想起了关于先民“走夷方”的一首《蛮书》中记载的《河赕贾客》歌谣：“冬时欲归来，高黎共山（高黎贡山）雪。夏秋欲归来，无那（今云南）穹赕热（怒江边包括腾冲，‘穹赕汤浪毒暑酷热河’）。春时欲归来，平中络赂绝（手里财物没有）。”这就是古代白族生意人在“盐马古道”上，发出的古道难，“难于上青天”的感叹！

古人云：“天下熙熙，皆为利来。天下攘攘，皆为利往。”古时的“十八寨”就像今天的“黄金公路”之繁忙！云龙人与“十八寨”的情结，只有在史书中或老人讲的故事中得到点信息。现代人如果不去亲自走一走，是无法领悟到古盐道的伟大之处的！

肯定地说：历史将会永远记住默默奉献者的功绩！“十八寨”是昔日子民们背盐“走夷方”之大道，也是“官府大道”，我们为先辈的创造力，深感自豪而骄傲！

十八寨古道

第二章

淳厚礼仪地　高亢民族风

云龙境内居住有白、汉、彝、傈僳、苗、回、傣、阿昌等 20 多个民族。在 2000 多年的历史中，勤劳勇敢的云龙人民创造了独具特色的历史文化、节日礼仪和民族风俗。由于云龙封闭的地理位置和现代工业发展滞后的原因，从古留存的遗迹和风俗、礼仪在云龙保留得十分完整，这不能不说是封闭带来的无价财富。

五井地区的礼仪风俗

五井地区赖于盐业经济的支撑，形成了以儒家思想意识为核心，儒释道三教合一的思想体系。在此基础上构建了独具地方特色的盐业生产习俗、农业生产习俗、马帮交运习俗、礼仪风俗、诞育风俗、婚姻风俗、丧葬风俗、节庆风俗、饮食风俗等等。随着上千年历史的演变，它们都与整个中华民族文化的发展一同发展进步着。

“五井”就是五个盐井，实际是对云龙“八井”的统称。

自古以来，食盐是民生之必需，其生产销售都直接由中央政府管理，进行“官卖”。后出台一项行盐政策：“地方台井之盐，专行大理；五井之盐，专行永昌（即保山）”，定销滇西“八府州县”。至此，保山、腾冲直至缅甸一带的食盐主要由五井地区供应，云龙五井随之享誉滇西乃至缅北，成为工商业颇为发达的地方。

云龙的盐井，除了顺荡的正井为自流井，卤水自岩缝中自行流出外，其余各井都是井洞深入地下靠人工汲卤。汲卤的方法各有不同，如雒马、天耳、石门等井用竹笼汲卤，而师井则用木车挽卤。在古代制盐工艺中，井盐的生产最为复杂，也最能体现古人的聪明才智。汲卤煎盐是独特的行业，从凿井、汲卤、输卤到煎盐，分工很细，工序繁难。由于生产过程中需要分工协作，故而井、灶中都需有各类专门工匠。如诺邓盐井，专业制盐的民户即灶户，灶户按

晨——诺邓古村

户计丁，担负汲卤的正式工人叫灶工，有20多个名额。灶工每日轮班下井抽盐水两次，淡水一次，每次约3小时。还有专门的背水工、背盐工20多人，部分灶工在完成汲水任务后，也参加背水背盐。此外还有从事煮盐、烧制盐、打磨补锅等的工匠二三十人。而从事农业、砍柴及泥工、石工等工种的人就更多了。长期以来，五井盐业经济实行的是一种“个体生产、统一管理、官府课税并专卖”的体制。这种在当时极为先进的带股份制性质的经济，极大地提高了村民的生产积极性。

采卤制盐是云龙五大盐井的传统手工业，最早的方法是以卤水浇炭取盐，《太平寰宇记》卷八十记载：“邑民取盐，先积薪，以火烧之，以水浇炭，即成黑盐，炼之又白。”到

顺荡村全景

了明朝以后，由于内地工艺的传入，采卤煮盐的工艺得到进一步提高。诺邓灶户将煮盐称为“煮水”“熬盐”，就是将卤水加热除去水分制成盐巴的过程。其过程一般有烧锅、散水、归锅、捞盐、托锅、舂盐、筑盐、烧盐、包装等 9 个步骤，盐成品制好后即上缴盐务管理机构（盐局）。

到民国年间，管理盐务的机构改名为“督煎督销局”，后又改为“盐井场务署”，当时云龙八大盐井共有灶户 445 户。

在产盐的“五井”地区，历朝历代出于盐政需要，不断动用民间劳役对行盐古道进行复修和扩建。行盐道上，五井地区的不少群众依靠为雇主“背盐”找到活路，而那些有马的人则通过马帮运输来驮盐。直至民国末期，五井地区仍有运输骡马近千匹。所以云龙运盐古道又称“盐马古道”。从大理到五井地区，古时要走 5 天至 7 天，先从喜洲到邓川，再到凤羽，然后翻越大罗坪山、小罗坪山，进入云龙境内后经过几个小村寨，这才来到诺邓等地。如果再从五井地区去滇西一带，又要经署海、过澜沧江、翻漕涧梁子，随后又渡怒江、翻越高黎贡山，到腾冲后再西行达缅甸境内。

马帮是过去一群民间组织起来的赶马人，以及他们所赶的马骡一起形成的运输队伍的称呼。名叫马帮，实为骡帮，以骡匹为主，因骡比马耐力强，多负重、速度快，易调教、听号令，所以是长途运输的主力。赶马是一种艰辛劳累、前途艰险的活计。云龙民间有“三十六行，赶马为王”“赶马三年如‘教习’（武术教练）”的说法，证实赶马人确实要年壮力强、有勇有谋才能参加此行业。另外，赶马人还要会当兽医，懂马帮规矩，会敲铓锣，会钉马掌等。赶马途中会遇瘴气，或遇洪水猛兽，或遭匪盗抢劫等，所以每次出门都充满冒险性，吉凶福祸难以预料。

盐业经济的繁华，有力地促进了五井村落文化的形成。五井人历来把建房当作奠百代基、立千年业的一件大事，因而在选材料、选工匠上都十分讲究，要求极高。建房从古以来大多采用土木结构，竖房前要先请风水先生看地脉、定房向，选择黄道吉日破土动工。动土时房主人摆上牲礼祭品祭天地，在一平滑的石头上写上“泰山石敢当”五个大字，定于基槽正中称为“奠基”，然后跪拜谢四方，选用两块木牌写上“李广将军”“甲马将军”，插在宅基地四周，以备镇妖除邪，即为“架马”。然后燃放鞭炮，烧香叩拜，引请土地神和木神，保佑建房平安。默念“紫气东来、人杰地灵、彩云南现、荣华富贵”，以求天地灵神肇仪发财之运，华堂瑞云

五井花灯队

弘开富贵之基。之后土木石匠便可同时开工，挖基槽，砌石头，砍房料，三管齐下，为在竖房吉日之前完成各项工作而竭尽全力。祭送木神在开工时主人先请木匠师傅在中梁木上锯下一片，写上“圆木大吉”，供奉在祖先牌位前，立为“木神”。此后每天香火不断，油灯不灭，每顿饭前主妇都要端上饭菜到木神前顶礼膜拜。匠人崇奉鲁班，上梁时木匠要喊“鲁班叫我来开光……”

五井地区也很注重崇儒重教，儒学文化自明初开始即成为云龙五井地区市井文化的主流意识。明末，五井地区开始出现学宫；清初，各地陆续开办义学，接着又创办了书院。五井村民只要有条件就不惜工本求学，求取功名。尽管云龙地处偏僻、交通不便，但明、清两朝还是文风蔚然、人才辈出。由于教育科举的兴盛，云龙五井儒学崇奉的表现之一是孔庙及文昌宫等庙宇的建立，如诺邓孔庙初建于明嘉靖前的“五井提举司”时期；到明末清初，雒马（宝丰）亦建孔庙。云龙五井祭孔活动礼尚备至，有一整套烦琐的仪规典章。在儒家思想熏陶下，以八大盐井为中心的封建礼教观念日趋浓厚，特别是“万般皆下品，唯有读书高”意识曾一度作为通俗风尚凝固在诺邓、石门、宝丰、天耳、大井等五井世族理念中。“四书”“五经”，《孝经》《三字经》等成为必读之书，其纲常伦理及易学五行等学说，成了人们思想言行的准则贯穿在民风民俗中。就连盐业生产股份制的灶户名称也分别冠以“乾、元、亨……礼、智、信”等儒家周易学说内容和修身伦常的字眼，偏僻的云龙由此享受了滇西“文献名邦”的殊荣。

五井地区礼仪文明赖于盐业经济的支撑，以“仁义礼智信”“温良恭俭让”以及“修齐治平”“格物致知”等儒家思想意识为核心，特别重视尊敬祖先、孝顺父母、尊师重教等行为规则。五井地区尤其重视家教，绝大多数家庭从小就对孩子进行讲孝道、讲礼节、讲廉耻等文明礼貌教育和训练，教育方法以讲道理为主，但又带有宗教方面的因果报应等成分。每年农历八月二十七日要举行隆重的祭孔活动，以示对先贤的尊敬仰慕和追思。其他一些礼

仪习俗，都有严谨的规矩和风尚，如老人体弱或染病，儿女们熬药煎汤，小心侍奉，克尽孝道；一旦卧床不起，子女日夜守候，夜不解带，寝不安枕，尽心治疗，极力安慰。礼道规矩上特别重视尊老敬老讲辈分，做客赴宴席位长幼尊卑座次有讲究。环境保护上强调“天人合一”、尊重自然的观念，如村规民约规定：不得随意取石取土；不许纵放牲畜，造成农作物损失应负责赔偿；严禁毁林开荒、乱砍盗伐，违者视情节惩罚等等。此外还有勤俭节约、爱惜粮食、敬惜字纸、爱护公物、帮助弱者、不欺贫爱富、不滥杀生命等风习。

在婚姻、丧葬、生儿育女及传统节日时亦有诸多习俗。

五井地区诞育风俗多同于内地汉族地区的规矩，如妇女未怀孕前就有求子习俗，去寺庙里拜“送子观音”等等。一旦确定怀孕，就要对孕妇采取保护措施，对孕妇的行为和饮食要有一些限制和“禁忌”，孕妇忌参加红白喜事、入婚房、伸腰、打哈欠、抬重物等等。又忌吃兔肉，认为吃兔肉产下

宝丰小吃

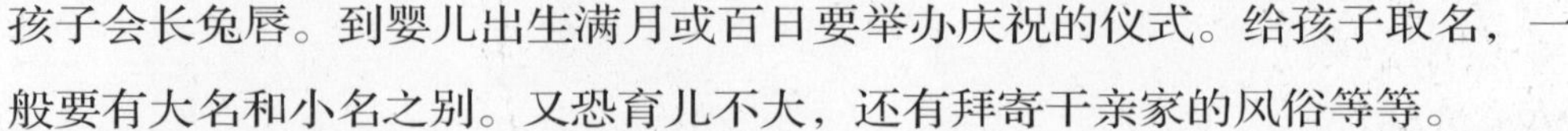

孩子会长兔唇。到婴儿出生满月或百日要举办庆祝的仪式。给孩子取名，一般要有大名和小名之别。又恐育儿不大，还有拜寄干亲家的风俗等等。

嫁娶、入赘上门，还有童养媳及男女再婚等婚姻风俗亦多同于内地规矩，如，同姓不出五福不能婚配，婚姻一般由父母包办，要门当户对；有女无儿可以招赘，无儿无女的可抱养同族弟兄的子女（过继）做养子；赘婿和养子要改名换姓才能取得财产继承权等等。婚姻中礼仪甚多，一般要经说媒、定亲、迎亲、回门等几个程序。首先男女方经媒说合，请阴阳先生合八字后定亲，下定礼后择日会亲家，双方长辈议定结婚日期、聘礼数目等事宜。如双方儿女年幼，一般要等好几年后才正式成亲，这期间男方每年春节、端午节、中秋节都要给女方送礼。婚礼一般要有三天，第一天称帮忙席，这一天男家要给女家送聘礼，白语汉语均称“送阁帖”，男方还须请一位双福双寿的妇女来“安床”，晚上要请父母双全的一对童男子在新床上睡一晚，叫作“压床”。第二天才是正式迎亲的日子，新郎和陪伴的小伙须骑高头大马，抬花轿去娶亲，接亲的人数要单出双入。到女方家新郎要先去拜女方祖先，再拜岳父岳母，最后拜其他亲戚长辈等。待岳父宣布“嫁给他们”后由女方兄弟一人背新娘到花轿前，新娘才得上轿，有老妇人用炒谷花撒向送、迎亲队伍。迎娶新娘到男方家门时，男方母亲须回避，又有老妇人撒炒谷花。新娘到男方大门时，由男方兄弟一人背起新娘跨过门槛上置有的马鞍直入洞房。新娘接来后便开始宴客，宴席多为“五碗四盘”。待客也很讲究规矩礼节，有摆席、迎客、安席、上菜、敬酒等程序，用餐后，便在正房大楼上行“拜堂礼”。第三天为宴客散席，是酬谢厨师、主事人等的，专称谢厨客。婚礼结束后第三天，女方家哥嫂要到男方家来看望一下。到婚后第七天，新郎新娘双双回女方家看望父母，称为“回门”，女方亲戚亦轮流宴请“回门客”。

明代前期至中期五井地区依然盛行火葬，明嘉靖前后改行棺木土葬。土葬的墓地建造十分讲究，要请阴阳先生看风水、择地，并有一整套严谨的规矩。此外还有给活人立墓的习俗，叫立“生基”或“寿井”，认为会使老人增寿。五井地区丧葬仪式各地大体相同：老人临终要适时地将“银器”喂入其口中。随后孝子到河边打回一罐清水，称“买水”。买回来后为亡者洗脸、

① 春牛舞

② 送丧队伍

洗身，洗毕再给亡人穿上三层、五层或七层的衣服，其中一层是白色的，忌穿戴毛皮。衣服穿好后将亡人置于椅子上，孝子女们跪献饭羹后才按吉时装棺入殓。入殓后棺盖不能立即钉起，若死者是女性或入赘女婿，则要请死者后家亲人来揭开棺盖看后由他们将棺盖钉起，即所谓“盖棺定论”。棺柩钉好后停放在堂屋正中，棺木后面放长明灯，至少要点到丧后七天，孝子女则披麻戴孝守灵服丧。停柩在家的时间一般多为三天至五天，以确定埋葬的日子来决定。停柩在家时亲友来吊丧，子女跪在棺旁，吊毕要磕头答谢。其中亲家祭奠较为隆重，祭品有面做的鱼及狮象鹿马、茶酒、糖果等。停柩期间，每晚鸡叫第一遍时都要献“鸡叫饭”。出殡前一天要举办道场，开路举行奠祭、点主安灵等仪式。出殡当天，待客吃过早餐后开始送葬，抬棺前要请地师绕棺杀方、念经引路。灵柩出门后要在村内绕行一周，死者的亲家和至亲好友

要在自家门前摆香案恭候，等灵柩到达时拦棺路祭。到墓地择定时辰下葬后，送葬的孝众要拿点燃的香原路返回，切忌回头看望，到家后把香插到祖先堂上称之为“回灵”。送葬后三天，子女亲友均去祭扫，称为上“三天坟”，此后再有上“七天坟”“满月坟”“百日坟”“周年坟”“三年坟”等。送葬后三年内还有礼节和禁忌规矩：如孝子最少要三个月睡在祖先堂守孝，至少到“百日坟”后将孝帽麻绳等拿到坟上烧化，孝子女三年内不能赴宴、不能穿红着绿，百日内不能理发，等等。相帮是地方的传统美德，不论听到谁家有人去世的消息，亲友和村里人都会主动协助守护和帮助料理丧事，村中青年男子则把抬柩送丧作为应尽的义务，不尽心尽力会受到谴责。

五井地区传统节日习俗都大同小异，如几个重要节庆， 春节：过年从腊月“送灶”开始，中间经过除夕“迎灶”“守岁”，上坟祭祖，正月初一至初五过年，十五闹元宵，初六到二十迎神接佛及“打春”等过程。接佛观灯、迎神赛会：迎接的是龙王和龙王娘娘，三崇和三崇娘娘，会期要

灯、观灯。清明节：“上坟”是举家前往，到坟地起火做饭、做祭品，献过后用餐。“献坟”是由一两个人提个专用的木质食盒，放各色菜肴饭食，带上香纸茶酒等，到一处处坟地，一座座坟前祭献。端午节：每年五月初五将菖蒲、艾蒿遍插门户房周辟邪禳毒；饮雄黄酒，在小孩额头用雄黄画“王”字。小孩们还戴五色丝线编的手镯；挂红布缝制，内装有马蹄香、艾草的香袋等，相约去踏青，称为“走百病”。龙王会：每年农历六月十三日，灶户们备上香案和器皿，组成“迎神”队伍到三公里以外的山顶上取水“迎龙”，礼官把取回的淡水倒入盐井中，然后在龙王庙举行隆重的祭祀礼仪。火把节：农历六月二十五日，竖一根有柱子粗细高约三丈的木杆，用松柴一节套一节，由上往下扎，平年扎十二节，闰年扎十三节；顶上纸篾糊裱的伸出三枝戟的升斗。入夜，经三牲祭奠后点燃，当升斗烧断时，人们争相抢夺升斗，抢到者会生育男孩接续香烟，所以下一年度扎火把费用由这家人负担。晚上小孩手持火把在家里各个角落撒烧松香面，称为“打火把”，意为烧去跳蚤蚊子；

再互相撒火把嬉戏追逐，认为火苗可燎去身上的晦气，带来好运。中元节：为农历七月初一至十四，为时半个月，故称为“七月半”。中元祭祖是一年中除了春节外最隆重的节庆活动。七月初一下午各家到大门口摆起香案，祷请祖先回归入室。从这天开始，祖先堂上要摆设果品，香火不断。十四日下午献完饭后送祖先，大门内摆起香案，门外侧放口铁锅，三拜九叩后烧冥衣纸钱，送往河里冲走。中秋节：农历八月十五，团圆节，各家杀只大红公鸡祭祀，吃团圆饭。晚上全家欢聚，用自制的传统粑粑或买来的月饼、水果等祭献月亮后享用。此外，还有立夏节，白杨树叶遍插门户房周辟蛇；重阳节，登高饮菊花酒避恶御寒；冬至节食糯米饭、宰腊月猪等等。五井地区节庆活动还有各种庙会，一年下来就有几十个节日之多。

❶ 火把节

❷ 洞经音乐演奏

❸ 漕涧马子歌演奏

为适应礼仪风俗，数种应景的食品相应而生。如春节吃糖泡米甜茶、泡米球、元宵；端午节吃粽子和喝雄黄酒；中秋节吃自制月饼——月亮粑粑；重阳节饮菊花酒；冬至节吃护心血炒蔓菁酸腌菜丝、卤肝、拌糁等等。在餐饮文化方面，明代以来江南的“东坡肉”演变成了云龙五井的“红东坡”。宴席上，那些名目如“五碗四盘”“六碗六盘”等摆设，充分体现了中国古代“金木水火土五行观念”和“天圆地方”等文化精粹。五井地区食用的大米、麦

面、糖等都可在街期集市换、购来。当地食品种类又多，诺邓人更善于用传统工艺腌制火腿和酱菜，所以菜品方面，除了火腿、东坡肉外，还有冻肉、酥肉、豆饼、干拉、熏肉、吹肝、卤杂、凉拌菜、豆腐肠、八宝饭等等。

五井地区信仰风俗融汉族中原文化和白族地方文化为一体，中国民间儒释道三教合一思想特别是儒家文化在这里有充分的反映。宗教信仰上普遍信仰道教、佛教，在自然崇拜、祖先崇拜基础上又十分推崇白族本主崇拜。五井地区祭孔是一项规模很大、热闹非凡的活动，每年都要隆重举行。佛教信仰方面，明朝中期后禅宗、净土宗等相继传入云龙并形成一个较兴旺的阶段。道教信仰方面，明嘉靖后五井道教信徒日增，清道光以来，道教斋醮仪礼等活动相当普及。由于形成佛、道、儒为一体的综合性信仰，所以各地寺庙林立，清代后期五井地区各类寺观庙宇达150所以上。

历史上五井地区的社会风俗文化呈现出绚丽多姿的有别于其他一些地区的独特景观。古代的“五井”文明对云龙乃至滇西一带有着深远的影响，它是中华优秀传统文化在云南边远地区生根发芽的最好诠释。

❶ 宝丰舞狮

❷ 舞龙

云龙道教文化的影响

由于盐业经济的活跃，宋元以来外省客商带来的道教思想文化同当地传统的白族佛教信仰经过一定时期的冲突后，取得了互相融合的结果。明清时期五井地区的道教思想逐渐扩张，云龙道教文化显示了前所未有的活力。

云龙历史悠久、民族众多，随着盐业和矿业的兴盛，大量外来移民同当地白族先民融合，遗存下了异彩缤纷的民族文化现象。民族宗教信仰习俗一方面与中原地区的文化有着息息相关的渊源，儒、释、道“三教一体”特征非常明显，另一方面又带着浓郁的山地民族的本质特征，在自然崇拜、祖先崇拜基础上十分推崇本主崇拜和山地巫俗文化。

道教文化在云龙宗教信仰习俗中占有相当重要的地位，这与宋元以来外省客商带来的中原文明有着密切的关系。早在元代，云龙五井地区的诺邓井就建起了江西、福建等地商人的会馆。他们带来的道教思想文化同当地传统的白族佛教信仰经过一定时期的冲突后，取得了互相融合的结果。至明代，云龙八大盐井地区的道教文化显示了前所未有的活力，宫观祠庙大量出现。明代旧州即有“仙人晒丹石”的古迹与传说，而五井地区的玉皇阁、三元观、三清

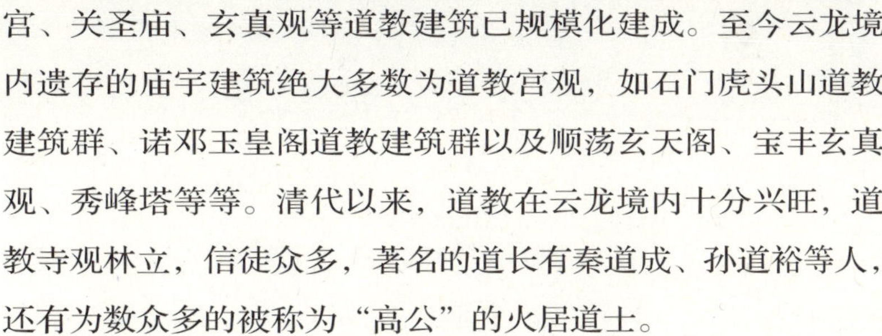

❶ 诺邓棂星门

❷ 道教建筑——诺邓玉皇阁

宫、关圣庙、玄真观等道教建筑已规模化建成。至今云龙境内遗存的庙宇建筑绝大多数为道教宫观，如石门虎头山道教建筑群、诺邓玉皇阁道教建筑群以及顺荡玄天阁、宝丰玄真观、秀峰塔等等。清代以来，道教在云龙境内十分兴旺，道教寺观林立，信徒众多，著名的道长有秦道成、孙道裕等人，还有为数众多的被称为“高公”的火居道士。

明嘉靖以后，云龙道教信徒日增，自清道光以来，道教斋醮仪礼和各种宗教活动十分普及。有大锣大钵、大鼓叮叮当当的念经，有轻音乐乐器协奏的洞经，“洞经会”活动就是道教“寓教于乐”的一种生动形式，至今在石门、诺邓、天井等地还十分流行。“洞经会”是谈演洞经的民间组织。置有全套设备和质量颇佳的打击乐器和管弦乐器，洞坛摆设堂皇高雅，坛内正面挂有关圣像和圣班，前挂匾联，四角和

前方两侧悬挂宫灯。桌上都有桌布、桌帏，椅子披有椅披。圣像下列长桌和八仙桌，摆设香案，陈列香花宝烛、各色供品。谈经人员分内外两班，内班谈演经文，执掌打击乐器；外班司管弦乐器。香案前东西两侧纵向相对安放两列桌子和长凳为外班座位，东边桌子上放笛子云乐、古琴，西边桌子上放各种弦乐器。外侧左右对称，中隔通道，横向各置一张长方形雕花木桌和两把靠椅，为内班四人座位。桌上摆经卷和打击乐器，向内右侧桌子横头放渔鼓、简板和小鼓，是为首座。首座经师司渔鼓、简板、小鼓三种乐器，其右一人掌大钹、木鱼，左侧桌前两人分掌鸳鸯云乐，侧后一人司大锣大

❶ 道教名山——虎头山

❷ 宝丰祭孔

鼓。人人身穿长衫马褂，头戴各种顶子的绸缎瓜皮帽或毡帽。要求衣冠整洁，坛上不许吸烟，不得喧哗，保持肃静谐和。

洞经会活动主要在每年农历二月初三的文昌会前后共三天举行，谈演《文昌大洞经》。初二晚上和初三白天两次“拜街”，用彩轿抬着文昌神像，仪仗队、乐队及上百各式灯笼前导，在香烟缥缈和爆竹声中绕行村子一周。二月十九观音会，谈演《观音大洞经》。私人举办的“家庆会”，多谈演《报恩大洞经》。村中老人去世，送葬前，经济宽裕的人家，要用一两个晚上的时间，请经师、乐师谈演《太上灵宝慈悲济度拔亡救苦谈经》。道教举办大型斋事中，也将谈演洞经作为整个斋事的一部分，专设洞坛谈演。以前，两天斋事就有一天要谈演洞经。在道教法事中，上朝赞咏环节，也用洞经音乐谈唱。两者既有区别又互相配合。更多的是人们在闲暇时，常常三五成群一起演奏洞经音乐，作为一种文娱活动。

云龙的山地巫俗文化，也常常在民间各种活动中出现。古代

云龙山高林密，自然崇拜是人们精神生活中的主要内容，人们把自然界中的一切祸福，如人的生老病死及家畜的疾病和死亡等都归结于鬼神作祟，并进行一系列的祭献活动，以求逢凶化吉，消灾保平安。人们的崇拜物较为广泛，包括对天、地、日、月、山、川、树、石等自然物的崇拜，对祖先、灵魂、鬼神的崇拜，对巫师巫婆及类似看卦掌风水等人物的崇拜等等。对被奉为神灵的自然物，平时禁忌踩踏、砍伐，遇灾害疾病时要请巫师巫婆去祭祀，祈求保佑。这种民俗信仰活动同儒、释、道等宗教文化的一整套冗礼繁节相比，程式仪规要简单易行得多，因而在偏远山区十分普及。与五井等集镇地区文化中以“祭孔”“迎神赛会”或大演洞经大摆戏场等为主的活动不同，这种山俗文化最看重的是祭神祭鬼之类的仪程和树坟立墓、婚丧嫁娶、免灾祛病、农耕狩猎当中举办的祭祀行为、接送规则，同时还伴之以举行诸如跳神、打歌以及开展“耍牛头”“耍马”“舞白鹤”及演“耳子歌”和跳“力格高”等类活动。在山俗文化中还包括许许多多的禁忌，甚至在生产活动中都有禁忌，比如有些地方禁止妇女犁田、禁止男人收割谷子等等。

本主崇拜是大理州共有的现象，云龙白族特有的形式，本主是本村、一方或本境的保护神之意。在白族人看来，他既不是鬼魂，也不完全是神灵，他富有现实性和世俗性，大多充满浓厚的人间气味和生活气息，人们对之敬仰而不畏惧。几乎每个本主都有一段动人的故事，有为民除害的英雄，有人们敬仰的节烈孝子，也有自然崇拜的痕迹等。白族村寨中奉祀最多的本主是英雄本主，“三崇老爷”是云龙许多地方白族人民共同尊奉的本主。关于三崇本主有两个传说，一说是鸡足山神，另一说是相传明朝大将军王骥为了平息战乱，到云南来征讨，最后被毒死在漕涧镇。当地白族人为了纪念他，就把他作为白族本主来崇拜。在各地都建有三崇本主庙，每年白族群众都要到三崇庙去祭拜他，祈求保佑平安吉祥。出行前去祈求平安顺利，求学前去祈求学业有成。而长新大达村的本主是赤岩天子，相传为明太祖朱元璋；长新乡长春坡村本主为杨秉哲，相传

阿昌族祭祖

祭孔

长春坡村原奉“三崇”为本主，到清康熙年间，本村人杨秉哲为维护同村利益，和十二关土司打官司，用智慧胜诉，死后被奉为本主；功果桥镇汤邓村本主是护国佑民景帝徐简，相传为三崇本主王骥女婿，随征麓川死于汤邓，敕封为一方本主。也有的地区本主是自然物，比如白石镇云头各村共同信奉的本主白岩天子，相传是一块有灵的白石头；白石镇云顶共同信奉的本主黑岩赫威本主，相传是一块有灵的黑石头；团结、关坪各村本主金蜂天子，相传是一只蜜蜂。白族的本主崇拜也影响了其他民族，彝族佬倵支系、傈僳族、阿昌族等也都信奉本主，他们也和白族一样举行祭祀活动。人们对本主的祈求也很现实，或求风调雨顺、五谷丰登、六畜兴旺，或求社稷安稳、岁岁平安，或占姻缘、卜前途、求子嗣等。

❶ 天池光头山跳月亮神

❷ 接本主

云龙佛教文化的影响

云龙佛教文化是中原文化、藏传文化、东南亚文化及当地民族文化融合的产物。云龙佛教始于元末明初，首先传入境内的是佛教的密宗，白石顺荡火葬墓群遗留有这一时期密宗梵文碑刻和经幢。禅宗传入并得到发展是在明朝中期以后，境内几个较大的佛教寺院都始建于明万历以后。

佛教对云龙的影响十分深远，佛寺众多，如宝丰福隆寺，石门蟠龙寺、黄龙寺，宝丰白衣阁，大井西竺寺古刹遍布云龙的灵山秀水之间，顶礼膜拜的虔诚信众纷至沓来，寺内香火不断、木鱼声声。此外，白石镇顺荡火葬墓梵文碑群，是迄今为止云南省境内发现的保存最完整、文化内涵最丰富的一处佛教密宗文化遗址，堪称大理地区的一块历史文化瑰宝。

云龙佛教始于元末明初，首先传入境内的是佛教的密宗，白石顺荡火葬墓群遗留有这一时期密宗梵文碑刻和经幢。佛教禅宗传入并得到发展是在明朝中期以后，境内几个较大的佛教寺院都始建于明万历以后。清代佛教虽得到进一步的发展，民间吃斋念佛的人数日益增多，但是已伴随着儒、道等一齐发展，最后形成了儒、释、道“三教一体”的宗教信仰局面。在历史文献和云龙碑文中，不乏对云龙佛教历史的记

载。《北极寺碑记》载："明万历年间，罗僦字文才为改族人'带刀挟弓弩，虽知耕农而涉猎犷悍之习'，认为'化俗莫若释门'，'诵经茹素'，修建佛寺'北极寺'。"光绪《云龙州志》记载："海智和尚，号悟澈，幼出家遍游名山，至金泉，为福隆寺住持，博览大藏，锡飞德龙，广种福田，施舍贫穷，讲经说法，悟道参禅，脉精三部，技神十金，州人称为活佛，其耳白，又号曰白耳禅师。"说明云龙出现过海智和尚一类的高僧。

佛教文化在云龙影响深远的一个独特表现形式，就是观音崇拜尤为突出。在原生态文化极其丰富的云龙深山，既广有对女性观音的供奉，也有对男性观音的突出信奉。在一些白族村寨均有男性观

音的木雕像，俗称“观音公”或“观音公老爹”。观音公是一尊穿长袍、拄拐杖、养小狗、白眉长须的典型农村慈祥老者的形象，是保平安、促丰收的保护神。如今人们还保留着对观音公的普遍信仰，见到天空中出现大片块状火烧云，人们会说这是“观音公犁田”；旧房屋顶上长起玉树类植物，被称为“观音公手指甲”；如果有人坐姿不端正，会被讥笑“观音公老爹不给你腰杆”。可见在云龙，人们对观音的崇拜无处不在、无时不有。

在云龙境内，遍布各种古寺。蟠龙寺坐落于沘江与狮尾河交汇处一座高耸而出的巨石之上，坐西向东，始建于雍正

云海

虎头山道教建筑群

年间，原为三进三院式结构，现存建筑为二进二院式结构。寺分前后两殿两院，均为清代建筑风格，主殿建筑工艺精美，雄居沘江之畔，高阁巍巍，俯瞰沘江碧波，纵观石门全景。每院两侧各有厢房，寺内繁花修竹，寺外古树成荫，杨名飏曾题之为“石门八景”之一“三阁龙蟠”——“一片苍茫景，濒临古渡头。烟笼青锁闼，云缦绿扬洲。玉阙飞花雨，魁杓转画楼。龙门看四辟，河鲤任遨游。”西竺寺位于诺邓镇象麓村，距县城约3公里，始建于明万历年间，为三进三院式结构。现保存较完整的主殿建筑精致典雅，殿内香火袅袅，远远望去，仿佛天宫一般。在殿前金柱上挂有一副云龙名士马锦文书写的木刻对联：“妙相归来，西竺添花，瑞蔼东池辉古桂；大雄出现，南山寿曜，遥瞻北阙献苍松。”门楹上悬挂有“竺国宗风”四字横匾。殿内现存十八罗汉塑像，栩栩如生，是境内艺术价值较高的雕塑作品，保护完好。存有明清碑刻两块。白

衣阁位于宝丰古镇西面德隆山，始建于南明弘光元年（1645 年），为一进两院。殿内彩绘有各色花卉，供奉着白衣大士、迦叶、达摩祖师、文殊、普贤、观音六尊神像，柱侧有木雕雀替，阁内现存明、清碑刻六块。古有诸多文人墨客题联于白衣阁，或龙飞凤舞，或跌宕遒丽，其意境深远，让人百看不厌。此外，还有黄龙寺、大慈寺等大量佛教庙宇，历史悠久，名迹繁多，香火鼎盛，文人纷至，可谓大山深处的“妙香佛地”。

提到云龙佛教古建筑名迹，就不得不提及顺荡大慈寺火葬墓梵文碑群。顺荡火葬墓群位于云龙县白石镇顺荡村的莲花山上。火葬墓群坐西朝东，墓葬多为横向排列，整个墓地依山势缓缓而下呈等腰三角形台地，总面积 1.5 万平方米。墓地现存古墓千余冢，完好的梵文碑 92 块，是目前国内保存得较为完整的火葬墓群之一。2013 年公布为国家级重点文物保护单位。多数梵文及碑刻均较为清晰，是研究古代民俗和民族文化的重要史料，也是极为珍贵、精美的艺术品。

梵文碑和梵文经幢是顺荡火葬墓群中最重要的文化遗存物。其墓碑上都有明确纪年，有文字可考的从明永乐到清嘉庆年间，时间跨度长达 165 年。佛教在这段历史时期对当地民风民俗的渗透，发展到了有人死去要举行念经等仪式，并在墓地上立梵文碑。碑正面为死者姓名、立碑时间及菩萨位，如一块碑刻有“追为亡人张观音保神道”一行汉字

❶❷❸ 佛教活动

❶ 佛教活动——放生

❷ 白衣阁——佛教开光

铭文，“张观音保”即“张保”，在名前冠以佛号，这是南诏、大理国以来白族佛教信仰的习俗，而这一文化特征是白族所独有的。碑背面多有梵文，内容多为《陀罗尼经》《多心经》等佛经。此外，火葬墓群的墓碑和经幢的底座艺术性极强，形态各异，种类众多，有方形或圆形的莲花盘底座或各种动物饰图镂雕碑座，如狮子座、黄龙座、赑屃座、白鹤座等。每通墓碑都代表一定时代的特征，体现了不同时代工匠们的艺术水平和精湛的手工工艺。漫步其间，仿佛能聆听到深沉而悠远的佛语，感受着古人对佛教信仰的虔诚，别有一番古老而神秘的意境。

包容的历史造就璀璨的文明，云龙佛教文化是中原文化、藏传文化、东南亚文化及当地民族文化融合的产物，所谓“一花一世界，一佛一如来”，无论是云龙佛教的寺宇古迹、梵文碑，还是体现云龙佛教文化的山地民俗风情，都是佛教与民族地区文化信仰融合而不可多得的佛教文化景观。

多姿多彩的山地民族文化

“一方水土，一方风物。”云龙县独特的地理条件，养育了世代生息在这里的人民，也孕育了这块古老土地上的灿烂的民风民俗——“检槽耳子歌”和“漕涧三乐”。

“耳子歌”

“耳子歌”义为“憨子舞”，“耳子”意为憨包、傻瓜，“歌”为舞。活跃在云龙县检槽一带白族聚居区，是在举行婚礼和新房落成等喜事活动时开展的一种歌舞表演，目的是驱邪逐疫，祈求生殖繁衍，是人们表达美好愿望、追求幸福生活、自娱自乐的一种民间艺术形式，是目前国内所发现最早的傩仪之一。有着极深的民族文化底蕴，被有关专家学者称为“舞蹈艺术的活化石”。

2002 年“耳子歌”走出国门，赴日本参加国际民间民俗艺术节表演，受到国际学术界的青睐。目前，已被列入国家级非物质文化遗产名录。

“耳子歌”兼具戏剧表演的特征，表演内容一般分为三个

"耳子歌"

部分。第一部分“抢红肉”，第二部分“耳子闹房”，第三部分“春官审案”。表演者分别由跳菜1人、“耳子”4人、“耳子”媳妇伴娘4人、老倌1人、老妈1人、春官1人、江湖郎中1人、拐带1人、唢呐手2人等角色组成。这些人物全部由男性扮演，并根据不同的角色进行面具化装。表演包括跳四方、席间穿梭跳唱、打诨逗乐表演，伴奏一般以打击乐为主。

在婚礼接待宴上，当客人和新郎新娘入席后，4个“耳子”手持灶滤头和一枝荨麻叶，在锣鼓唢呐声中跑入席间，穿说唱跳打诨逗乐。随后来到新娘席前向新娘讨菜，新娘将事先准备好的一串“红东坡”放到“耳子”的灶滤中，以解脱“耳子”的纠缠。此时，在旁围观的人纷纷上前抢夺这串

“耳子歌”

"红东坡"，"耳子"用手中荨麻枝来驱赶。谁要是冲破"耳子"的重重防线，抢到"红东坡"，就预示着一年吉利，有吃有穿，还能消灾祛病。

到了晚上，婚宴散去，第二场"耳子歌"的闹房也就开始了。新娘家的人用一个大簸箕将装扮好的一伙人拦在大门外，门外的人要求留宿，双方对四句，对合了即拿开簸箕放人入内。表演者入院后，在新房前又唱又跳，把婚礼引入了热闹欢乐的气氛中。随后开始表演"春官"审案，春官身着长袍，戴无镜片的眼镜框。在审案的过程中，郎中贩卖假药，拐带要骗走新娘，春官断案，"春官"与"拐带"和"郎中"间风趣诙谐的问答，不但给已经热闹非凡的婚礼增添新的乐趣，更是让人们在欢笑声中告诫自己要正直做人、正派处事。在表演进入高潮后，"指点"将逐一拿出事先准备好的道具，豆腐、豆子、辣椒、大米等让"耳子"来猜，在猜答中

"耳子歌"

“耳子歌”

"耳子歌"

"耳子"巧妙地运用物品的白语双音和谐音，来说出吉祥话。如，"指点"拿出白米时，"耳子"答到"白米白生生，生个儿子做先生"；拿出豆子，"耳子"又答"一个豆子圆又圆，生个儿子做状元"。以此来祈福新人的生活美满。在"指点"指引下，"耳子"逐一学会了成人应做的事，应有的动作。表演结束后，表演者要祭喜神，在祭祀处焚烧表演道具，以求神灵保佑新人吉祥平安、早赐子嗣。

漕涧三乐

云龙西部的漕涧镇由于独特的地理条件，养育了世代生息在这里的人民，也孕育了这块古老土地上的淳厚的民风民俗——“漕涧三乐”。

一乐栽秧乐。“漕涧地区有一个开秧门，很是有趣。”平时大家很难有机会聚在一起，到了栽秧的季节，大家可以一起劳动，分享生活。人们把“开秧门”这一天看作是农家最值得庆贺的吉祥日子。

漕涧的栽秧分工平衡，男的主要负责拔秧苗、上田埂、放水、平整水田，这也是最辛苦的工作。田埂是用秧田里最稀的泥土抹上去的，其目的是为了防止漏水。在过去，男子拔秧苗是最伟大的工作，也是最庞大的队伍。家里的壮汉，挑起竹担子，60把一担，整个村子一起出动，浩浩荡荡，是那样充满活力。如今，栽秧人也没有过去多了，人们也不会讲究穿的，男子拔秧苗也不再是挑担子，改成了篮背或车运。“不过过去的栽秧是最充满活力，是最快乐的时光”，老人家一边和我们讲着，手里还在不停地清除着秧苗圃里的杂草，脸上却透露出了一丝丝的自豪和骄傲，当然还有那份发自内心的快乐与对往事的回忆。身旁的狗狗安静地蹲坐在田埂上，

栽秧乐

❶ 牛耕　❷ 栽秧

栽秧乐

看着主人家和我，似乎它也听懂了我们之间的对话。

下田之前，年轻妇女们都要穿上白毛边底的布鞋，轻柔地在新垒成的田埂上疾走，比赛谁的鞋底上沾的泥土少。耕牛的前额上缠着彩绸，撑犁的小伙子在木叶的伴奏下神气地唱起了欢乐的小调，引得姑娘们再也憋不住沉默，放开歌喉对唱起来。随着一片噼里啪啦的鞭炮声，犁铧破开了泥浪，欢快的春播开始了。专门请来的民间艺人在前面的田埂上使劲地吹着笛子、吹着箫，急雨式地拨动着大三弦。妇女们在欢快的白族乐中急速地分秧栽秧，一会儿，一行行整整齐齐的秧苗就把一大片水田染绿了。滴滴汗水滚落在清悠悠的水面上，溅起一阵欢声笑语。过去，栽秧时人特别多，妇女们会穿白色的裤子和蓝色的上衣，而男子就穿白色的裤子和马褂，头戴的帽子，边缘还飘着白带，是为了防晒。一声令下“栽秧喽”，人们就会把捆扎好的秧苗丢进田里，“扑通”一声，泥土和水花就会溅起一阵，打湿妇女

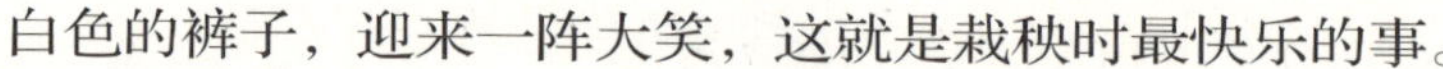

白色的裤子，迎来一阵大笑，这就是栽秧时最快乐的事。

在开秧门这天人们要吃豆粉和豆子。栽秧的这几天人们都会大吃大喝，杀鸡、煮火腿……类似过年一样热闹和隆重，把家里所有好吃的东西都拿出来吃，而彝族更是杀羊、宰牛等。这一天吃得越多、越好，就预示着秧苗会长得越好，来年五谷丰登。

二乐上坟乐。清明节是我国重要的传统节日，也是祭祖和扫墓的日子。

每年清明节的前后十天是漕涧最热闹的日子，大家邀约起亲戚朋友，赶起骡马，携带酒食果品、纸钱等物品到墓地，供祭亡灵并进行野餐活动。各家先是把墓地整理一遍，折几枝嫩绿的新柳枝插在坟上，然后开始生火焚香。在家里长者的带领下开始点香祭拜，首先要祭拜山神，祭献的公鸡祭拜后开杀。祭拜结束后大家才着手做饭。

上坟乐

闲着的大人和孩子们在山上嬉闹、玩耍。到吃晌午时，主人家会用凉虾和糯米煎制的粑粑来招待大家，粑粑的馅料丰富，有红糖馅、棠梨花馅、青蚕豆馅、芝麻馅、花生仁馅、核桃馅、水果馅等等，任你选择。

上坟本来心情是沉重的，但是，性格豁达的漕涧白族人民，却把人类的生老病死看作是一种合乎天理的自然规律。因而在清明节祭祀祖先时，多了几分快乐，反映了漕涧人达观质朴的性情。

扫墓还有一个重要的环节就是准备祭祀用的纸钱，主人家折了一大堆纸钱和其他祭祀用品。晚饭准备好后，主人家将食物供祭在亲人墓前，再将纸钱焚化，为坟墓培上新土，然后叩头行礼祭拜。

三乐洗澡乐。漕涧温泉的美正是山与水的结合，是众人向往的地方。漕涧有上、中、下三大天然澡塘，泉水清澈，尤其以下澡塘最有人气，最具特色。

秋收刚过，许多人家就兴高采烈地带上各种食品：糯米面、红糖、甜白酒、火腿、香肠、白族吹肝……小伙子们打扮得潇潇洒洒，姑娘们打扮得鲜鲜亮亮，全家向澡塘出发。开饭馆的、卖菜的、卖肉的、卖野味的等做生意的客商在这里搭起了一排排棚子。摊位上琳琅满目的商品，一连数日，这里简直成了一个繁华的集市。而露天澡塘里，终日浸泡着不同年龄、不同肤色、不同地方、不同民族的乡亲。谈论着各自的心事。现在这样的场面不再，可来澡塘的人还是那样多，快乐还在。

来自周边地区的群众扶老携幼，在那里搭起了帐篷，安营扎寨，一住十天半月，利用天赐温泉疗疾治病已有悠久的历史。心脑血管疾病、糖尿病、妇科疾病、眼疾、胃十二指肠溃疡、风湿痛等等患友在医务人员的指导下进行饮疗、蒸疗、浴疗，康体健身，裕达而归。根据不同人群的喜好，在露天游泳池和泡池里浸泡温泉可沐浴阳光、仰望蓝天白云、观看头顶上

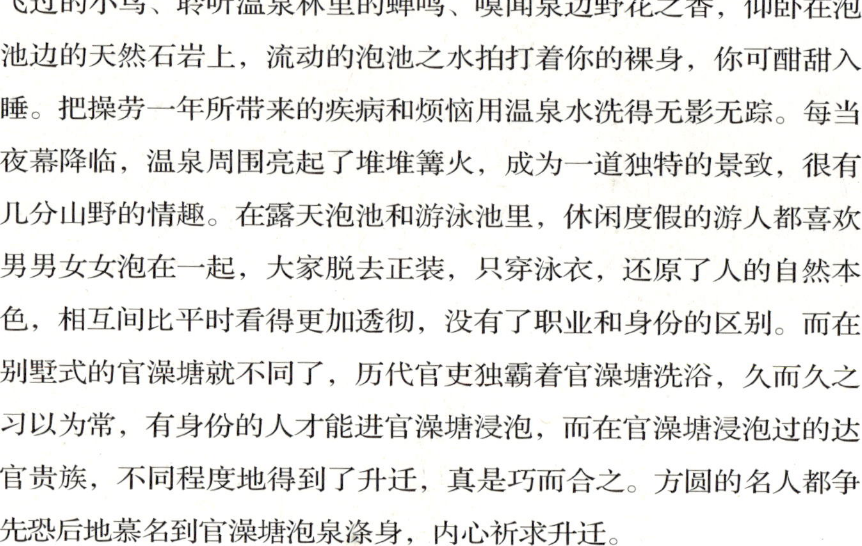

飞过的小鸟、聆听温泉林里的蝉鸣、嗅闻泉边野花之香，仰卧在泡池边的天然石岩上，流动的泡池之水拍打着你的裸身，你可酣甜入睡。把操劳一年所带来的疾病和烦恼用温泉水洗得无影无踪。每当夜幕降临，温泉周围亮起了堆堆篝火，成为一道独特的景致，很有几分山野的情趣。在露天泡池和游泳池里，休闲度假的游人都喜欢男男女女泡在一起，大家脱去正装，只穿泳衣，还原了人的自然本色，相互间比平时看得更加透彻，没有了职业和身份的区别。而在别墅式的官澡塘就不同了，历代官吏独霸着官澡塘洗浴，久而久之习以为常，有身份的人才能进官澡塘浸泡，而在官澡塘浸泡过的达官贵族，不同程度地得到了升迁，真是巧而合之。方圆的名人都争先恐后地慕名到官澡塘泡泉涤身，内心祈求升迁。

洗澡乐

云龙白族吹吹腔

云龙白族吹吹腔源于明洪武年间传入当地的江西弋阳腔，又吸收了白族文学、音乐、舞蹈等方面的元素，是经过历代白族艺人的发展创造而形成的一种独具白族艺术风格的戏曲剧种，距今已有500余年历史。

吹吹腔就是白戏。云龙白族吹吹腔源于明洪武年间传入当地的弋阳腔，同时吸收了白族文学、音乐、舞蹈等方面的元素，是经过历代白族艺人的发展创造而形成的一种独具白族艺术风格的戏曲剧种，距今已有500余年历史。由于采用白族最常用的吹奏乐器“唢呐”为主要伴奏乐器而得名，俗称“唢呐戏”，已被列入云南省第一批非物质文化遗产保护名录。

明代以来，吹吹腔的演出活动遍及云龙山地白族村寨，特别是云龙五井地区及较大的村寨最为普及。无论逢年过节、迎神赛会、婚丧嫁娶、起房盖屋，都要演唱吹吹腔，尤以春节、本主节和火把节为盛。特别是农历新年，各地都要开展丰富多彩的演出活动，形成“唱大戏、过大年”的习俗。

云龙白族吹吹腔属于吹吹腔中的南派吹腔。这一派吹腔较多保留了吹腔戏的古老风貌，有独特的表演程式和演唱风格，有独特

的与唢呐节奏统一的身段与步伐。曲调高亢激昂，富有强烈的感染力和震撼力，是一种“有说、有唱、有舞、有戏”的戏曲形式。唱腔无伴奏，只用唢呐吹奏过门，曲调朴实无华，平直刚劲，配上音量宏大的唢呐锣鼓渲染，气氛甚为热烈。

云龙白族吹吹腔演出的剧目内容较为丰富，目前搜集到的传统剧目就有《崔文瑞砍柴》《重三斤告状》等280多个。这些传统剧目分为两大类：一类是根据滇戏、川剧、昆曲等外来剧本，加入白族语言改编的传统剧目；另一类是本民族自创、反映本民族历史、生活的剧目，这一类剧目内容丰富多彩，语言通俗，风趣幽默，贴近生活。吹吹腔音乐属联曲系统，有30多种曲调，各具独立性，也可连缀起来使用。唱

吹吹腔表演

词通常用白族山花体的“七七七五”句式，每四句为一节，一、四两句由唢呐伴奏过门，二、三两句唱词后加打击乐，语言可汉白兼用，白语也用汉字记音。吹吹腔分“文场”和“武场”两种，文场过去一般只用唢呐，唢呐也用大小号的，主要用以吹奏过门，演员唱完都随唢呐的节奏舞蹈。锣鼓点也多用来渲染气氛，它总是与唢呐配合着使用，因此演唱起来气氛很热烈。武场则是一招一式地比划，节奏鲜明，有古曲风格。

吹吹腔戏班组织严密，有“戏头”即班主，有唢呐师、鼓师、服装师、道具师、脸谱师等，分工具体，行当传承俱细，非常讲究“手、眼、身、法、步”，在“生、旦、净、丑”四大行当中，又分有其他的角色，各种角色都有特定的脸谱和唱腔。传承主要靠家承和师承两种，但多以家承为主，小孩从小耳闻目睹，多数能唱几

段，长大后只须稍加点拨，即可上台，边演边学，直至成为正式演员。演出前，戏班主要带着演员们举行“敬戏神”仪式，开台必先演《三出首》，正戏一般要唱三天至五天，演出结束要“扎金榜”“谢戏神”“封台”等。

明天启元年（1621 年），在云龙旧州三七村（原州府衙门所在地）建有戏台。现全县保存完好的古戏台有 8 座，还有活动正常的业余剧团。各剧团都有戏箱、服装、道具、脸谱和唢呐锣鼓乐器等。

云龙县长新乡大达村是白族吹吹腔传承较为悠久和普及的地方，位于大达村正中的大达古戏台是云龙县内保存较为完好的古戏台。建筑风格为“丁字形一阁两翼”式建筑，斗拱叠架，飞檐翘角，四层通高约 20 米、宽约 30 米，进深约 5 米，台前有可容上千观众的广场，蔚为壮观。

大达村一般在腊月三十日装点戏台，白族称“福满福五”。

正月初一迎接赤岩天子本主和观音老母。因为唱吹吹腔有娱神娱人和祈祷平安的意义，这一天“会首”要写一张请帖，送到“戏头”家中。戏头接帖后，召集戏班人员，安排

吹吹腔表演

吹吹腔表演

演出活动，并在戏台前公布唱戏人员和执事人员名单。

正月初二“打街”闹春。“打街”亦称田家乐、耍春牛，是春节唱吹吹腔的重要组成部分。主要角色有扮作士、农、工、商、杂耍等数人，以农为主。“打街”这一天，一班人要到村子的各个大院恭贺表演，表达辞旧迎新的祝贺，并为即将开始的吹吹腔演出筹集费用，聚集人气，酝酿高潮。

正月初三“开台”敬戏神。由戏师傅敬献天地，拜四方上香，祈求降福呈祥，赐福一方。

“开台”的第一出戏是《三出首》，就是财神、魁神和赐福天官轮番上场或唱或念，祈求财源广进、文教兴盛、天下太平。这是每年正月唱戏时必有的戏剧民俗仪式。演过《三出首》后，才开始唱“正戏”。正戏一般都是折子戏。

“正戏”唱过后，就开始唱“杂戏”，又叫一字腔。演杂戏的时间是在每天散台前，这是吹吹腔演出中最为热闹的时段，一字腔最能调动观众热情，最能使观众产生共鸣，最能活跃演出气氛。一字腔的表演方式灵活多样，可边舞边唱，可以现场即兴自编自演，语言通俗，风趣诙谐，十分贴近生活，气氛轻松活泼；还可以根据观众的要求或现场情况，灵活多变地编词演唱，非常受群众欢迎；除传统的唱腔外，还可自由加上白族的山歌小调，显得丰富多彩。一字腔并无一定程式，语言可以是白族语，也可以是汉语，可长可短，观众非常喜欢。台上的演员用白族话插科打诨，打闹逗乐，像说相声一般，引得台下观众笑声不断，使得台上台下高度共鸣，融为一体。

初六“封台”祭戏神。早上封台，演出结束，戏班全体人员都要集中到戏台上拜祭戏神，封台，清点戏服装箱，并把所有擦脸纸在神坛前焚化，祭祀结束后把香火余灰送到择定方位及地点，请本主及所有神灵保佑全村人一年四季清吉平安。这天早上人们还要聚餐，享受闹春时各家各户送来的肉食，俗称“百家宴”。至此，春节的吹吹腔演出结束。

吹吹腔表演后继有人

踏歌深山处　舞醉山谷间

山与水在云龙的广阔土地上画下了浓墨重彩的一笔，描绘出一个孕育地方特色的富饶空间，20 个民族在这片山区和坝区的土地上融洽地生活着。能歌善舞的山地白族和其他少数民族在这样一块包容的土地上，用自己独具特色的民族歌舞来记录着生活的点滴、描述着大自然的神奇色彩、赞颂着美好的幸福生活。

白族山歌

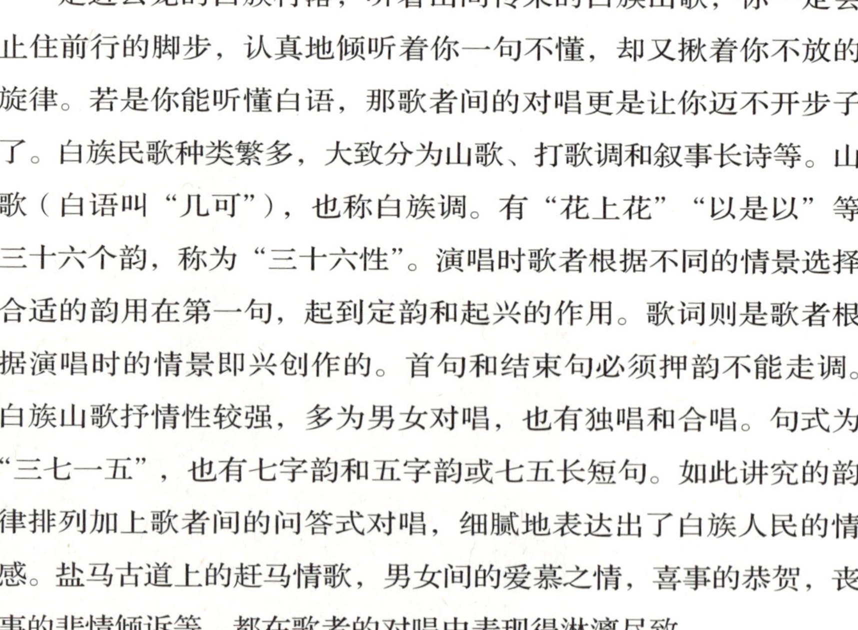

走进云龙的白族村落，听着山间传来的白族山歌，你一定会止住前行的脚步，认真地倾听着你一句不懂，却又揪着你不放的旋律。若是你能听懂白语，那歌者间的对唱更是让你迈不开步子了。白族民歌种类繁多，大致分为山歌、打歌调和叙事长诗等。山歌（白语叫“几可”），也称白族调。有“花上花”“以是以”等三十六个韵，称为“三十六性”。演唱时歌者根据不同的情景选择合适的韵用在第一句，起到定韵和起兴的作用。歌词则是歌者根据演唱时的情景即兴创作的。首句和结束句必须押韵不能走调。白族山歌抒情性较强，多为男女对唱，也有独唱和合唱。句式为“三七一五”，也有七字韵和五字韵或七五长短句。如此讲究的韵律排列加上歌者间的问答式对唱，细腻地表达出了白族人民的情感。盐马古道上的赶马情歌，男女间的爱慕之情，喜事的恭贺，丧事的悲情倾诉等，都在歌者的对唱中表现得淋漓尽致。

"力格高"

诸如山歌一般，云龙的白族舞蹈因地域所限与坝区的白族舞蹈有很大的差异。最具代表性的要属云龙山地白族的原生态舞蹈"力格高"，人们在婚、丧及其他喜事时，到主人家做客，晚上围着火堆和着鼓点和双脚踏地的节奏声，双膝稍屈，腰和双臂大幅度地摆动，利用身体的节律动作表演着日常生活中劳作时的场面和模仿动物动作。在舞蹈的行进中，随着表演动作的改变在模仿动物时嘴里也会跟着拍子，在最后的两拍呼出动物的喊叫声，如"咯咯咯""喔喔喔"一类象声词语，以此来增加表演的趣味性。"力格高"有"一步”“三步”等步子，有“鸭子摆尾”“小羊吃奶”“掏蜂蜜”“洗麻纱”等主要动作。如它们的名字一般，即便是首次接触到“力格高”，你都会沉醉在舞者形象的表演中。在领舞者的口令引导下，时而一群憨态十足的鸭子迈着整齐的步伐在行进着，时而勤劳的白家儿女在树洞里掏着蜂蜜，生活中与白族儿女息息相关的劳作场面及动物伙伴的形象都在舞者的肢体语言中展现出来。“力格高”动作粗犷，脚步踢踏有力，被誉为“东方踢踏舞”。

当你还沉醉在“力格高”的无尽魅力中时，山那边震天的锣鼓声又将你带入了一个热闹的场面，龙、狮、鹤、马、牛等各种动物形象，在此起彼伏的锣鼓声中，一只只寄托着人民美好祝愿的动物载体在艺人的舞动下活灵活现地展现了出来。龙、狮等动物形象都是艺人们用竹子编扎出一个骨架后，再用彩纸、绸缎、麻布、毛线、彩带、镜子等，将它装扮起来，舞者利用道具加上肢体动作的牵引再现了生动的动物形象。“耍龙”的龙是由圆形竹篾状龙节拼装在一起的，多为十一节龙或十三节龙。舞龙者身着与龙身相近颜色的服装，在龙珠的指引下，舞龙者利用双臂力量托举龙身，左右挥动龙体，在集体的配合下，长 10 米左右的龙在空中威武遨游着。“舞狮”广泛流传于云龙的白族村寨中，表演形式主要有广场表演和搭台表演两种。搭台是利用八仙桌累叠出一个供舞狮者表演的高台，表演者在翻立的八仙桌上表演“竖顶”“四方朝斗”等高难度动作。表演讲究跳、跃、翻、滚等动作，使“狮子”总

❶“毕啰者啰”（左边跳右边跳）
❷“王资的瓜”（老鹰抖翅）
❸ 舞狮

云龙白族“力格高”舞进校园

是在腾跃跳动之中，展现出狮子的威武喜庆。“鹤舞”是白族的一种吉庆舞蹈，表演时由一人扮成白鹤，一人扮成寿星，舞蹈动作极其简单，多为模仿一些白鹤的动作，如啄食、洗羽等。整个舞蹈是以“寿星牧鹤”来寓“人寿年丰，国泰呈祥”之意。“耍马”“耍春牛”虽然比不上“龙舞”“狮舞”大气恢宏，也没有“鹤舞”的深刻寓意，但在山峦连绵的云龙境内，马在物资的交流中、牛在生产生活中的作用是不容忽视的。也许正因为这样，在重大的节庆活动中总能看到它们的身影。

在白族的节庆表演中，不得不说的是流传于白石镇顺荡井一带的“霸王鞭”。它是一种唱跳结合的男性双人舞蹈。演出时手持六尺霸王鞭者扮演银须老者，是主唱主舞。另一人扮演小丑，手拿响板（又称腰台），边舞边敲击节拍，嘴

中呼着“着！着！”与主舞者的唱词相呼应。它的表演形式有两种，一种是春节期间在广场或戏台上表演，一种是到农户家做庆贺表演。须按老规矩烧香祈祷后才开始表演。传统唱本有《五更月》《二十四孝》《鸿雁带书》等。后者则无唱本，表演时，先唱一段洋溢赞美的贺词后根据被贺人家的具体情况，即兴编词演唱。不管是哪种形式的表演，演唱时均采用云龙白语。在美好的唱词中，舞者挥动着六尺“霸王鞭”来祈求一年四季平安吉祥，祈求神仙保佑，五谷丰登，六畜兴旺，为父老乡亲恭贺新春。

出了白族村落，走进彝家寨子，“辘鲁则”舞将为你解读生活在云龙这片热土上的彝族倮倮人。“辘鲁则”是彝族村寨中一种纯舞蹈式的“打歌”，早在清代廪生赵朴的《箭杆场观罗武踏歌》中曾描述道：“踏歌灯火下，白衣杂绿衣，连环腕相握，旋步作团围。”如诗中描述的一样，能歌善舞的倮倮人每遇婚丧事时，都会群集到主人家。当夜幕降下，人们就会围着火堆跳起“辘鲁则”。它的动作多为模拟禽兽形态或反映农耕、渔、猎、牧等生活劳作场面。动作步伐从基本的 “一步”依次到“四步”，利用足踏地的节奏变化，以“一步”为基础。用加减一个步子或一个动作及重复两次的方式，变化组合出不同的步伐。主要动作有“奴那角”（猴子遮眼）、“以路辣飞”（鹞子翻身）等，在领舞者的指挥下，没有经过排练的“辘鲁则”，整齐划一的表现让人感叹不已。它的起落是那样流畅自如，舞者们激情的演绎将你带入了他们的生产生活。

傈僳族也是一个能歌善舞的民族，他们有风格独特的舞蹈“瓜七七”。云龙的傈僳族常年生活在高海拔地区，这也造就了他们喜好打猎和饮酒的习惯。如他们的喜好一般，在“瓜七七”的舞动中你能体会到四个字“强悍、豪爽”。“瓜七七”的动作主要也是来源于傈僳族人的生产、生活以及对禽兽的模拟。它的主要动作有“斑鸠捡荞子”“栽秧舞”等。表演时在“起奔”（傈僳族四弦琴）演奏者的带领下，时而围圈逆时针方向转动，时而两行纵队前行跳动。“瓜七七”的迷人之处在于它利用脚下的跳、擦、踩、抬等几

❶ 吹

❷ 上刀山

个简单动作的组合，变化出了节奏复杂、动作丰富的舞蹈语汇。

当你的思绪还未曾走出激情四射的“瓜七七”时，苗寨里的芦笙又将带你一览“芦笙舞”的绚丽多彩。芦笙是苗家常见的一种竹制乐器。生活在云龙民建乡岔花村的苗族人也很擅长使用芦笙，在他们生活的苗寨中，流传着一种用芦笙表演的传统舞蹈“芦笙舞”。它的表演形式较为丰富，大致可分三种形式，一是吹奏者边吹边舞；二是数名吹奏者对跳；三是吹奏者负责伴奏，其余人围成圈舞蹈。无论是哪种形式，每逢节日或喜庆场合，岔花村的苗族群众都会穿上手工绣制的艳丽服饰，在悠扬的芦笙吹奏声中用“两边闪”“踢脚跟”等动作描绘出“芦笙舞”。舞者根据芦笙吹出的不同乐曲变化着舞蹈动作，在舞者的蹲跳、旋转中色泽艳丽的服饰也随之舞动。苗家靓女精湛的苗秀技艺，着实为“芦笙舞”增添了一抹别样的红润。

彝族聂苏人打歌

在云龙、漾濞、永平三县交界的地方，居住着彝族聂苏支系，他们自称“佬傥”。歌舞是聂苏人生活中的一项重要内容，而“打歌”是聂苏人最具群众性的传统民间艺术舞蹈，也是彝族历史中传承悠久的一种舞蹈形式。

“打歌”在聂苏人中具有代表性的有两种形式：一为“辘鲁则”，二为“细枯细”。

“辘鲁则”在聂苏语中的意思是“土著舞”。聂苏人跳“辘鲁则”有着悠久的历史。相传很久很久以前防御敌人入侵的对敌作战中，首领发动同族人夜间在山寨燃起熊熊篝火，火焰冲天，人们围着火堆通宵饮酒欢跳，唱调子，鼓舞士气，振奋军威。对手见此情景，望而生畏，不敢轻易进犯。久之则演变成聂苏人的舞蹈。聂苏寨子凡是哪家有事，众人前去相帮，每到夜晚，大家就围着火堆尽情地跳舞、唱调子，通宵达旦。

“辘鲁则”以篝火为圆心，舞者围成圆圈，领跳人在前吹奏笛子等乐器，其他人则随后携手搭肩而舞，其舞蹈动作矫健复杂，粗犷欢快、蹉踏有力、节奏强烈，步调整齐成拍。充分反映出高山民族博大的胸怀和热情奔放的劳动场面，是聂苏人婚礼中必不

彝族（佬倵支系）舞蹈“辘鲁则”

可少的歌舞活动。

“辘鲁则”的跳法从一步、两步、三步、四步开始，所有的跳法都以“一步”为基础加以变化。有的加一步或减一个动作，有的重复两次动作。舞蹈以足踏地为节，围成圆圈逆时针方向转动。舞者口中同时发出“噻、噻”和“喔、喔”的嘘气声，增强了节奏，也起到了动作互相照应交流的作用。“辘鲁则”的多种跳法在舞蹈时一般都是交替进行的。由一人领头说出跳法名称，舞者即随之变换另一种动作，舞蹈激烈时，动作幅度自然加大，前屈较深，跺地有力，情绪激昂。

“辘鲁则”的打跳动作多是模拟鸟兽和生产劳动的原始动作。如“鸡刨食”，表现的是一群鸡用脚刨采食的情景；“猴子遮太阳”表现了猴子手遮太阳，观察事物的动作。表现生产劳动的舞蹈，如“洗麻线”“掏蜂蜜”展示了人们用脚搓洗麻、用手掏蜜蜂等。

清代廪生赵朴曾在其《箭杆里观罗武踏歌》一诗中生动地描述了佬倵打歌的盛况。诗云：

踏歌灯火下，白衣杂绿衣，
连环腕相握，旋步作团围。
阿奴吹短笛，雀跃狎寒威，
曲肩踵其武，往复屡依违。
鸳鸯何放浪，行影不自非，
雄鸣类鸠舌，雌声艳却微。
引亢（吭）迭唱和，踯躅忘所归。
细听无佳曲，摭拾应当机。
主人劳其酒，盘飧便充饥，
奄忽鸡鼓翅，棚场已音希。
撒手如鸟散，困倒卧朝晖，
是真罗武俗，笑观不足讥。

“细枯细”是另一种走唱式的“打歌”。用聂苏语解释第一个“细”为“汉”，“枯”为“调子”，第二个“细”为唱。意译为“唱汉人的调子”。它是男性歌舞。两群人分别在歌头的率领下，排成行或围成圈，歌头手端一碗酒，其余的人把右手搭在前人的右肩上，缓缓踏动脚步，边走边唱一问一答。基本上是以唱为主，没有过多的动作，所唱内容大多为彝族古老的叙事史诗，如人类的起源、迁徙和祖先的伟

业等。还有就是在不同的喜庆活动上现编现唱，为主人家歌功颂德和唱祝福语。

现流传的还有“开天辟地歌”“放羊歌”“点菜歌”“风水歌”。这些均为办喜事时唱。“开天辟地歌”内容为人类的起源；“放羊歌”是结婚接送新娘时唱，内容为舍亲娘，跪母报恩；“点菜歌”为聂苏人结婚时搭青棚，众亲高朋在青棚中欢乐地为新郎新娘所唱的颂歌；“风水歌”为在建房竖柱或立坟墓之日亲戚朋友为他们所选的风水予以赞颂的歌。

聂苏打歌是诗、歌、舞三者合一的原始的文艺形式，另外还有传播历史文化、生产生活知识的功能。它反映了山地民族对未知事物的孜孜探索和对精神生活的渴求。

❶❷❸ 彝族（佬倵）舞蹈“罗鲁则”

绚丽多彩的云龙指尖工艺

云龙各个民族的群众在漫长的历史发展进程中用他们灵巧的双手创造出了刺绣、麻织、纸扎、竹编等绚丽多彩的指尖工艺，成为云龙民间艺术宝库中一颗颗璀璨的明珠。

云龙山地白族刺绣广泛运用于服饰、鞋帽、裹背、围腰等日常生活用品。常用图案有牡丹、佛手、石榴、菊、桃、梅、竹等各种花纹，也有狮、虎、龙、凤等吉祥动物和几何图形，有的刺绣图案与房屋彩绘图案相似。刺绣工艺一般分为描底和彩绣两步。描底是用笔在所绣物品上直接绘画要绣的图案，或剪出纸花样用糨糊粘在绣件上，再用各色彩线按图施以针绣。刺绣技艺非常娴熟的人，直接进行彩绣。刺绣用线传统一贯用蚕丝，其色彩注重红、黄、蓝、绿、黑、白的搭配。在云龙山区，刺绣水平的高低是衡量一位农村妇女才智聪颖与否的重要标准。

云龙山地白族刺绣中尤其以围腰最为繁琐，也最具特色。一般用 2.2 尺或 2 尺的黑布做底板，两边镶上 5 寸宽的绿色或蓝色锦绒布，镶上花边，最下面 7 寸见方的面积一字排开，绣有五彩缤纷的精美图案。根据白族习惯，刺绣的花朵呈单数，少则 1 朵，多则 9

朵，以 3 朵、7 朵居多，多以牡丹、芍药、山茶、仙桃等花作为图案，有的以鸳鸯、喜鹊、凤凰、蝴蝶等动物作为图案。按照其刺绣的工艺特点，围腰一般分成“满镶满滚”和“挡色崩”两种。“满镶满滚”做工精细，一般在比较隆重的场合穿着，相当于节日盛装；“挡色崩”则比较简单，选一块底布，根据各自的喜爱，绣上图案就可完成，是在日常生活、劳动中穿的。围腰在山地白族的生活中是重要的着装元素，既有装饰性，又有很强的实用性。休闲的时候，女人们穿着各式各样色彩斑斓的围腰互相媲美，展示了各自的审美情趣和手工技艺。在劳动的时候，把围腰系到腰间，又是一个很好的收纳装置。外出时，还可以临时充当裹背，用来背负婴孩。

白族妇女服饰

傈僳族刺绣场面

和山地白族服饰搭配的绣花挎包是山地白族外出时的主要包具，男女都用，在集市上经常会看到彪形大汉挂着绣花包的有趣场景。绣花挎包多用农家自己织的黑白相间的粗麻布为底，做成四方的包体，两边用白色、黑色、蓝色或绿色宽布料连接作为包带，包上镶有各种颜色的布并绣有各种图案。有的只绣包带的两个底边角，花枝较为细小，以淡色为主，只绣一部分，并缀上用珠子串起来的流苏，中间露出布料本色；有的整个挎包都绣满了图案，鲜艳夺目，包底还缀有五颜六色的流苏和小绒球，看起来非常喜庆。

山地白族妇女的绣花鞋也别有特色，全用手工制作而成，鞋底是千层底，用旧布装裱，新布覆盖，里三层，外三层，有些鞋底还配有雪白的缨穗。鞋面颜色多样，方口，绣有和围腰上一样的花鸟虫草图案。鞋垫很多时候被人们作为馈赠亲朋好友的礼物，或作为定情信物送给自己心仪的小伙子。因此在绣鞋垫时要在其上花费不

❶❷ 山地白族刺绣

❸ 木雕

少心思。鞋垫一般采用五彩丝线刺绣，讲求既要美观又要耐磨，图案有“鸳鸯戏水”“百鸟朝凤”“喜鹊登梅”等，也有多种几何拼接图案，如“中”字形或矩形。

山地白族刺绣色彩鲜艳、针法致密、虚实相间，构图布局紧密、立体感强、装饰性强，图案多样化，整体上非常协调。充分体现了白族人民独特的艺术视角和创造力，也因其做工精细、色彩夸张而被很多收藏民间艺术品的人所青睐。

和刺绣一样，手工织麻布也是云龙山区妇女必备的技艺之一。在云龙的部分乡村，麻织工艺和刺绣工艺至今没有消失。麻织工艺流程主要分为剥麻皮、搓麻线、纺麻线、煮麻线、洗麻线、上浆、织布等几大工序。剥麻皮就是到每年农历八九月份麻籽收获的季节，山区群众把麻树割回家后，把麻籽打下来用于榨油，麻树在水中浸泡 10 天左右后，便可以剥麻皮。剥好的麻皮要洗干净并晾干备用。搓麻线就是把洗好的麻皮用水泡软后，根据需要（用于缝制麻袋等生产用品的可以搓粗一些，而用于缝制衣服或绣花包等生活用品的则要搓细一些）把麻皮搓成粗细一致的麻线，边搓边绕好。纺麻线就是用木制的纺车把搓好的麻线纺得更精细一些，纺好后把麻线绕成线圈（像现在的一支毛线）。煮麻线就是把绕好的麻线圈放到灶灰水中煮 30 分钟左右，目的是使麻线更加白亮和结实。洗麻线就把煮好的麻线洗干净，洗麻线有个讲究，要在流动的河水中洗，这样既可以防止麻线打结，又能把麻线洗得更加干净透亮。上浆就是把苋菜（灰挑）熬成浆后均匀地浸泡在洗好的麻线圈上，等麻线圈都经过了灰挑浆的浸泡后拿到太阳底下晒干，然后把麻线绕成线球。最后一道工序就是织布，织布前先根据要织布的尺寸在织布机上拉好纬线，再用一个木柴凿成的“飞梭”将一根根经线穿过两层纬线，穿过纬线的“飞梭”一左一右，经线与纬线相逢，一块麻布便慢慢织成……

木雕

云龙山地白族纸扎工艺也是能与刺绣和麻织相媲美的一项重要民俗活动形式和内容。又名扎法、糊纸、扎彩，最早起源于古代

斗拱

石雕

民族的宗教祭祀和丧俗活动，明清时达到顶峰。传承至今已有数百年，是丧葬礼俗及节庆中不可缺少的一部分。在云龙山区白族村寨，几乎每一两个村寨就有一两家专门的纸扎家庭作坊，并有专门的纸扎艺人。每逢婚丧嫁娶及节日之际，民间艺人就充分施展其技艺，扎制灯彩、旱船、面具、跑驴、三马闹灯、红白双狮、河蚌、鱼、花篮、绣球、麒麟、仙鹤、龙凤花鸟、风筝等各种民俗节庆文艺活动道具，并施以各色彩绘。这些色泽艳丽、造型拙朴、寓意明快的各类纸扎品，均以竹、木、线、纸为主要材料，以竹、木为骨架，以线团缚部位，糊彩纸以装饰。为活动平添几分色彩，同时也为哀丧、祭祀场面蒙上一层神秘的面纱。

纸扎以竹、木为骨架，少了竹编工艺纸扎将失去支撑，这在一定程度上促进了竹编工艺在云龙各个民族之间的广泛存在。竹子经心灵手巧的篾匠之手制造出了一个多彩的篾器世界，融进了人们的

1 竹编工艺

2 木雕

衣、食、住、行中。篾业、篾匠有过光辉的历史。云龙县表村地区有首民谣：“松坪篾器表村烟，老末棉纸麦庄菜，谁是能手谁富裕。”竹子能成宝，全仗篾匠一双手。优秀的篾匠必须熟练地掌握砍、锯、切、剖、拉、撬、编、织、削、磨等篾匠基本功。篾匠的手艺最讲究精细，篾条的厚薄，全凭篾匠手指的感悟与把握。竹编工艺主要分为材料处理、编织和收尾三个阶段。材料处理就是用篾刀将竹子剖成匀称的篾条、篾片，再刮光；编织就是用篾条、篾片编织成篾垫、箩筐、弹席、背罗、篾桌、篾柜、篾盒等各种产品；收尾是不可或缺的辅助补充工序，目的是使竹编产品更加美观、精致、顺手、耐用，锁边、楦棍、缠边都是收尾工序，也是显示竹编技术水平的关键所在。

探访石门摩崖石刻

石门摩崖石刻为清代至民国雕刻，现存有20余幅。石门摩崖石刻字数少者为单字，多的达50多字，既有数米大字，也有厘米小楷；楷、行、草、隶齐全，各具风格，可谓古代云龙书法的宝库，令人叹为观止。

石门是云龙县城所在地，地处沘江峡谷，因城南侧两山峡峙，壁万仞如门，故名。石门在云龙县历史悠久，在明代就开井煮盐，是滇西著名的产盐集镇。1929年，云龙县城从宝丰迁至石门后，石门就一直是云龙政治、经济、文化的中心，是大理州文化积淀十分深厚的地区之一。区域内群山纵横怀抱，沟壑深幽，峰峦耸立，县城南山、沘江河畔多是石山、石崖、石壁，为刻石提供了条件。所以，过去的文人墨客们都喜欢在大自然提供的天然石崖上进行题刻来抒发情感。日积月累，代代相传，留下了一大批摩崖石刻文化遗迹。仅在近1平方公里的面积内就有20余处，成为大理州乃至云南省摩崖石刻最为密集的区域，成为一处奇特的人文景观。

这些摩崖石刻所题刻的年代从清代到民国，石刻内容十分广泛，有名家墨迹、文人咏景怀古、诗联和佛教警言等。如青云桥西岸的“衮雪”二字，相传为三国时魏国丞相曹操手迹。相传曹

操驻兵汉中时曾与部下游览汉中名景石门褒谷峪，见江水白浪滚滚而来，如堆堆白雪，故题。在“滚”旁无三点水，是有“满江皆水，何须再加之意”。刻于虎头山的“第一山”是宋朝书法家米芾手迹，由邑人董惠田从终南山拓回所刻。刻于虎头山的一笔“虎”字为清道光皇帝墨迹，是清道光年间曾任陕西巡抚的石门人杨名飏带回拓刻在虎头山石壁的，此“虎”为最大，3 米多高。而其他名家也模仿道光的手法，题写了几个“虎”字，但都非常小。“云山” 二字是曾任北洋政府教育总长的石门人王九龄请清末政治家康有为题写的，镌刻在祖茔后的崖壁上。青云桥头的“碧嶂洄澜”四字则为杨名飏所题。石门摩崖石刻除名家外，更多的是本土白

❶ 米芾书写的“第一山”

❷ 道光皇帝所书“虎”

族文人咏景怀古的石刻，如“山水清音”“无极般若”“路接青云”“五云胜景”……更有甚者，本地文人的学术争议也作为石刻镌刻在摩崖上，如城边的“山灵笑我”题刻，原在这四字旁边还题刻有“汉青蛉县”四字，意为云龙县在汉代为青蛉县。有人不同意其观点，就在旁刻“山灵笑我”，意在讥讽其错误。

石门摩崖石刻群共保存了明代以来的摩崖石刻20多处。这些摩崖石刻历史悠久，时间跨度大，众多的名人题款，如道光所写的“虎”，曹操书写的“衮雪”，米芾书写的“第一山”，康有为所书写的“云山”，以及地方名流书写的各种文字，具有“名家风范”的重大历史价值。

石门摩崖石刻群不仅数量多，而且字体类型丰富，包括了中国书法艺术中“隶、楷、行、草”四大基本书法，以及大小不一的字迹。各类书法的雕刻都有不同的工艺，所以石门摩崖石刻群基本涵盖了中国古代书法中的所有书法的技艺，具有重大的艺术价值。

石门摩崖石刻群字体形态各异，千姿百态，各具特色。摩崖石刻不仅是书法艺术，还与当地的山水完美结合，使书法艺术与自然融为一体，成为重要的人文景观。所以，石门摩崖石刻群具有较高的科学价值。

石门摩崖石刻笔力遒劲，刻工精湛，充分体现了古代少数民族的聪明才智。所刻内容涉及面广泛，是研究白族历史文化、社会民俗的珍贵实物资料。

❶ 曹操手笔“衮雪”

❷ 曾任陕西巡抚的地方名士杨名飏所题

❸ 地方名士杨振痒所书“山灵笑我”

❹ 地方名士所题书

❺ 地方名士所题“无极般若”

❻ 地方名士所书“跨鹤南皋”

1

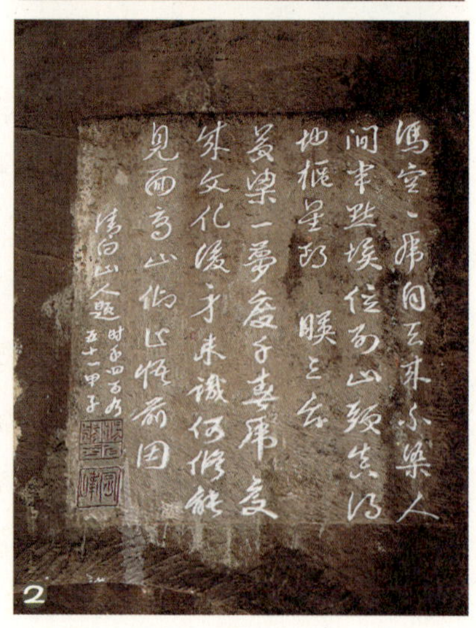
2

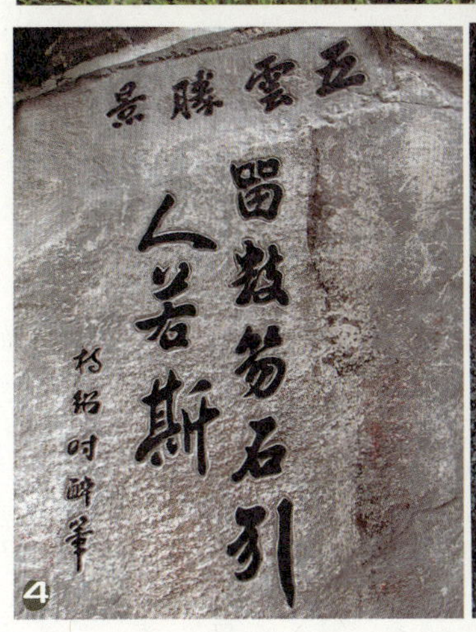
五雲勝景

第三章

舌尖赞特产　山水蕴风光

云龙境内，从东到西有云岭、怒山两大山系及沘江、澜沧江、怒江三条大河。山高谷深、沟壑纵横、气候多样、物种丰富，矿产水能、风能资源丰富是云龙地理的基本特征。而底蕴深厚的历史文化，风光优美的自然山水，使得今天的云龙，拥有了绚丽缤纷的旅游资源；还有那多彩多姿的地方风味食材、传统餐饮文化等等，又构成了一笔非常宝贵的非物质文化财富！

味蕾上的云龙

云龙是一个典型的民族大杂居、小聚居的地方。这一特殊的居住环境造就了别具一格的云龙美食。有被人们青睐的天灯乌骨鸡、长新黑山羊、土皮菜丝、野生罗峰茶、黑木耳等天然绿色食品，也有加工精细、风味独特的诺邓火腿、石磨油粉、诺邓豆饼、五井豆腐肠、豌豆油粉皮、旧州八宝菜等深受人们喜爱的土特食品。

诺邓火腿与《舌尖上的中国》

中央电视台2012年5月14日播出的美食类纪录片《舌尖上的中国》第一集《自然的馈赠》，开头就说：“任何一个国家都没有这样多潜在的食物原材料，为了得到这份自然的馈赠，人们采集，捡拾，挖掘，捕捞。”后来的解说词又这样写：“在云南大理北部山区，醒目的红色砂岩中间，散布着不少天然的盐井，这些盐成就了云南山里人特殊的美味。……即使用现代的标准来判断，诺邓井盐仍然是食盐中的极品。虽然在这个古老的产盐地，盐业生产已经停止，但我们仍然相信诺邓盐是自然赐给山里人的一个珍贵礼物。”

《舌尖上的中国》主要内容就是中国的美食生态，通过美食来

诺邓火腿

侧面展现中华饮食文化的源远流长。云龙传统美食特产诺邓火腿经《舌尖上的中国》播出后名声大噪，而这特殊的美味是跟大自然馈赠给诺邓人的“盐”密不可分的。

古来诺邓火腿之所以有名，是因为腌制火腿有两个特殊的条件：一是腌制火腿的诺邓井盐中含有较多的钾；二是诺邓村内具有特殊的环境气候，冬无严寒夏无酷暑，火腿可晾挂较长时间，所谓“隔年火腿”有的可以3~5年“隔”下去，可生吃。另外就是诺邓村民素有的传统加工工艺。古代诺邓用盐生产的传统食品除了火腿外，还有豆腐肠、酱油、酱菜等等，这些食品无不跟“盐”有关联。

诺邓豆饼

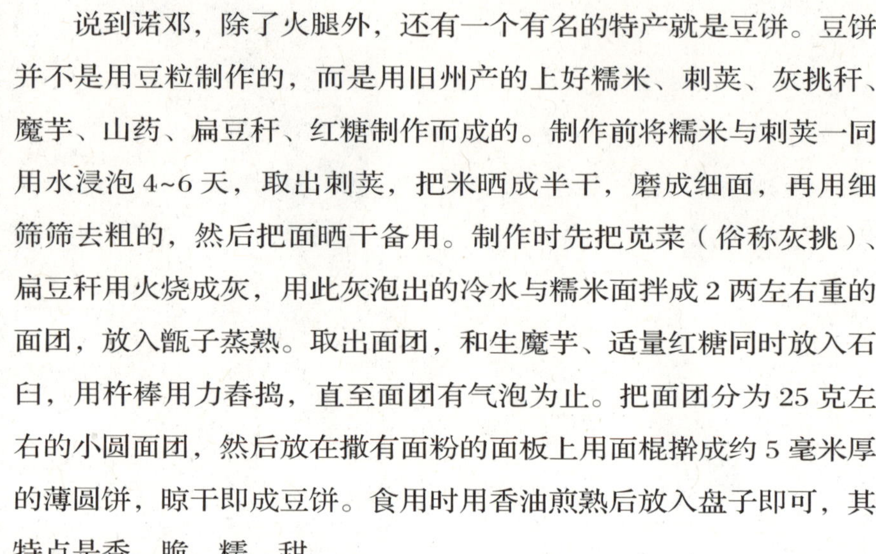

说到诺邓，除了火腿外，还有一个有名的特产就是豆饼。豆饼并不是用豆粒制作的，而是用旧州产的上好糯米、刺荚、灰挑秆、魔芋、山药、扁豆秆、红糖制作而成的。制作前将糯米与刺荚一同用水浸泡 4~6 天，取出刺荚，把米晒成半干，磨成细面，再用细筛筛去粗的，然后把面晒干备用。制作时先把苋菜（俗称灰挑）、扁豆秆用火烧成灰，用此灰泡出的冷水与糯米面拌成 2 两左右重的面团，放入甑子蒸熟。取出面团，和生魔芋、适量红糖同时放入石臼，用杵棒用力舂捣，直至面团有气泡为止。把面团分为 25 克左右的小圆面团，然后放在撒有面粉的面板上用面棍擀成约 5 毫米厚的薄圆饼，晾干即成豆饼。食用时用香油煎熟后放入盘子即可，其特点是香、脆、糯、甜。

石磨油粉

石磨油粉的制作工序复杂，主要经过去皮、浸泡、磨浆、滤浆、沉淀、煮浆、晾冷七个程序。首先要用手推石磨把豌豆研磨成豆瓣去皮，再把去好皮的豌豆瓣放入清水中浸泡 1~2 个小时，放入手推石磨中磨浆。磨好浆后，在勺内放入适量的盐和香油，并在火炭上加热，倒入浆里后开始过滤。第一道叫头浆，颜色不好但味道很香；第二道叫二浆，味道较淡但颜色好看。将头浆、二浆分开沉淀一个小时后就可以煮浆了。煮浆，即是把二浆水在锅中烧开，把沉淀好的头浆和二浆慢慢往锅中倒，并用专用的大木铲子不停地搅拌。待变成糊状就成了美味的热油粉，加入适当的花椒油、蒜油、油辣椒、葱、味精等调料后即可食用。

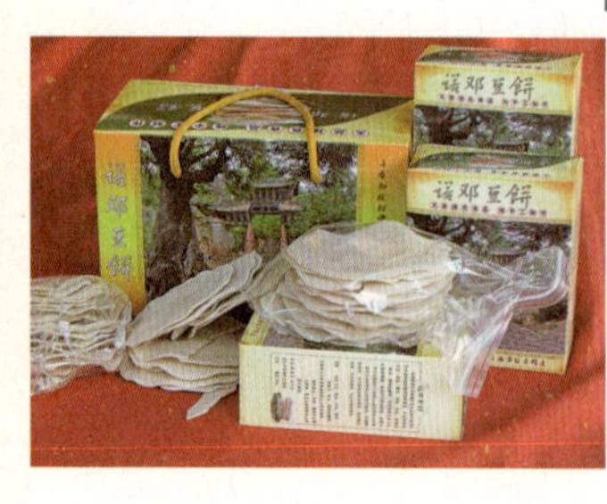

如果把热油粉倒入容器中，晾冷凝固就是冷油粉。可以凉拌、煮、煎、炒。冷油粉放上花椒油、蒜油、油辣椒、葱等各种调料，

再加上自酿的桃醋，一碗爽口的凉油粉就呈现在你的面前。

美食藏在民间，乡愁藏在家乡的方言中，藏在家乡的古屋里，藏在家乡的歌声中，也藏在石磨油粉这样的小吃里。

天耳井干瑯

冷油粉还可制成云龙食品一绝——干瑯。干瑯也叫黄粉皮，尤以天耳井和象麓的干瑯为上佳。干瑯是把调得特别好的油粉晾凉后用特制的篾刀或线弓划成极薄的片，晾晒在精细铺成的稻草之上。待变干成半透明状即可用线把数张干瑯捆成小捆，放在通风的地方保存。在云龙县城，街天总有一群人专门背着背篮在集市上卖干瑯。干瑯颜色略黄、皮薄、

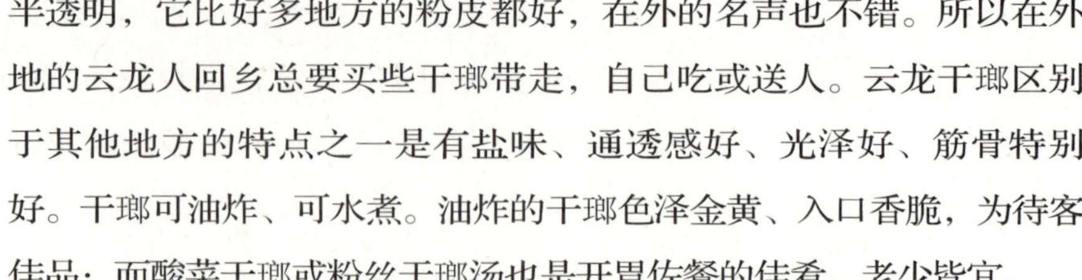

半透明，它比好多地方的粉皮都好，在外的名声也不错。所以在外地的云龙人回乡总要买些干瑯带走，自己吃或送人。云龙干瑯区别于其他地方的特点之一是有盐味、通透感好、光泽好、筋骨特别好。干瑯可油炸、可水煮。油炸的干瑯色泽金黄、入口香脆，为待客佳品；而酸菜干瑯或粉丝干瑯汤也是开胃佐餐的佳肴，老少皆宜。

云龙血肠

每年农历冬腊月，云龙县几乎家家户户都要趁着杀年猪的契机加工一定数量的豆腐肠。既可自家食用，还可作为过年时的礼品赠送给亲朋好友。豆腐肠又名血肠，白族语称“双左”。取猪大肠用豌豆面等反复洗净去腥，选用压得比较硬的豆腐，切成大块在清水中泡几个小时，捞出把水沥干，用手捏碎，越细越好，然后加入切成小片的肥肉，用酒调成糊状并加上火烧过的红曲、未结成块的鲜猪血、草果粉、茴香粉、盐巴、火硝，放入大盆混合充分拌均匀后

云龙血肠

用灌肠机灌入猪大肠中。有时大肠不够也可加用小肠、尿泡、油皮等灌制。灌好后用细绳扎成约 6 寸长的小段吊在粗壮的竹竿或长棍上，悬挂在干燥、阴凉、通风处晾 15 天左右（不能晒太阳，否则容易变酸）即可食用。也可晾干后再食用，吃法有蒸、煮、炒三种，其特点是鲜嫩馨香。

云龙鸡坳

地处滇西的云龙，山峰林立、江河纵横，因为复杂的地形地貌，多样的森林类型、土壤和得天独厚的立体气候条件，大自然的馈赠漫山遍野。其中要数野生菌资源最为丰富：鸡坳、松茸、木耳、牛肝菌、香菇、青头菌、铜绿菌、奶浆菌……云龙人的至爱是鸡坳。鸡枞又叫白蚁菇，含有钙、磷、铁、蛋白质等多种营养成分，是到目前为止还未能人工培植的菌种之一。云龙的鸡坳主要有黑头鸡坳和白头鸡坳两种，以黑头鸡坳为上品，其中又以还未开伞的顶着小黑帽的为上佳。在云龙，食用鸡坳大多和诺邓火腿丝、青椒红椒一起炒，

黑头鸡坳

或是和火腿薄片一起煮汤，抑或是用新鲜的猪腿肉末再加点香菜打汤。无论哪一种做法都尽量不要过多使用作料，以保持原有的鲜味。那种入口鲜滑的美味，仿佛是将雨后的清新吃入口中一样。还有一种吃法则是“吃香”。那就是用香油将鸡纵同红椒、花椒、大蒜等佐料炸至金黄，做成“鸡纵油”。每年鸡纵上市的季节，云龙人几乎家家户户炸鸡纵油，或留到外出的家人回家吃，或寄给远方的亲朋好友。鸡纵油的香味里不仅仅有大山的美味，还有亲情的味道，鸡纵油里充满了云龙人的乡愁。

蔓菁（土皮菜）
用来制作菜丝

云龙菜丝

充满家常风味的云龙菜丝，云龙土话叫作“土皮菜丝”，是用蔓菁制成的一种干菜。云龙盛产蔓菁（土皮菜），其中关坪、团结一带所产的土皮菜由于海拔高、气候寒冷、霜期较长，味道格外甜而备受群众喜爱。每年入冬，山区群众把从地里收回的土皮菜，选上好的，切成粗细不等的丝或片，放到阳光下暴晒，干后收到通风干燥处保存。色金黄，捏之有微黏，黏度越高的甜度越高，品质也越好。因其制作简单又易于保存，成了云龙的一道特色菜肴。待食用前，用温水发 10~20 分钟，与事先加工至半熟的腊肉同煮 20 分钟即可食用。那是来自大山里纯天然味道的绿色食品。

土三七炖土鸡

土三七炖土鸡是边陲古镇白州西大门漕涧镇家喻户晓、脍炙人口、地地道道的传统风味美食，香味扑鼻味美可口，兼具食药两用之功能。常用于久病体弱和病后体虚之人的饮食调理，备受人们青睐。

土三七，漕涧白族语谓之“舀么铺（yaomopu）”，属多年生直立草本中草药——珠子参的肉质根，又叫作野三七、疙瘩七等等。各地叫法略有不同，生于山野林下腐殖层深厚的土层中，味苦，微甘，性温，具有祛瘀生新和止痛补血之功效。每年秋天是最佳采挖时节，漕涧街头有售，价格昂贵，采挖土三七到集市上卖是当地群众长期以来增加收入的途径之一。据《云南中草药》载，土三七主治跌打损伤、胃痛、咽峡炎、月经不调和外伤出血等症，与土鸡尤其是乌骨鸡一同炖成“土三七炖土鸡（乌鸡）”常用于久病体弱及病

后体虚患者的滋补调理。其加工方法是，将新鲜宰杀后的土鸡肉剁成小块，与土三七（新鲜或干品均可）一起投入锅中（尤以土锅最佳），加适量清水、草果和食盐，先用武火煮沸，然后文火炖上两三个小时，一道色香味美、食药两用的美味佳肴即烹制而成。

漕涧古镇位于三江并流区澜沧江和怒江之间，雨量充沛，四季如春，具有得天独厚的自然条件，适宜各种野生中草药的生长。如天麻、党参、猪苓等等，丰富的野生中草药资源成就了众多食药两用美味佳肴，如天麻炖鸡、党参炖鸡等等，而土三七炖土鸡便是其中的代表。

（特别提醒：土三七有多种，并非都可以食用，有的甚至有毒，食用应慎重！例如别名叫作“牛头七”的土三七由于有毒不可食用，只有白语名为“舀么铺”，别名叫作“珠子七”的漕涧土三七才可以食用。）

❶ 特色菜

❷ 太极蒸蛋

宝丰古镇常见菜肴的制作

宝丰古镇是一个藏在深闺人未识却依山傍水的美丽小镇。其实宝丰古镇是一个历史悠久、钟灵毓秀、人杰地灵、物华天宝的文墨之邦。早在明朝崇祯二年（1629年）至民国十八年（1929年）的300年间，宝丰就因盐设治，因盐而兴盛。有深厚历史文化底蕴的地方，其饮食文化自然也是异彩纷呈的。

宝丰古镇婚宴酬宾的菜肴从古至今十分讲究盘碗搭配、荤素搭配、色彩搭配、冷热搭配和营养搭配。在常见的婚宴酬宾中，菜肴主要以“五碗四盘”或“六碗六盘” 为主，菜系讲究主菜（肉类）和辅菜（菜蔬）之分，而且盘碗的数量词意讲究的是五福六顺，寓意幸福吉祥、万事顺意之意，同时也表示主人对宾客的崇敬和热情。宝丰古镇婚宴菜肴在制作方法上蒸、煮、熏、煎、炒、炸、炖一应俱全，显示了当地白族饮食文化的水准和智慧，令宾客满意且赞许有佳。现今采用“六碗六盘”酬宾待客者居多。

六大碗的制作

红　炖

红炖是“五碗”或是“六碗”大菜中的母菜之一，是一道必不可少的主菜。其制作方法是：食材选用五花肉和肥里脊肉，一般数量往往是根据客情桌数而定。首先将选好的食材在旺火中适度烧皮去油，而后将火烧后的鲜肉块放入盛有热水的大盆中浸泡十来分钟，用刀刮去污渍洗净。将肉块置入大锅中加火煮至七分熟，用专制的铁钩捞出放入大盆中。待肉完全凉冷后，将肉在案板上切成规整的3~4厘米见方的肉坨。然后再将已切好的全部方块肉回锅，放入草果面、食盐等作料反复翻炒。随后再将红曲拌适量白酒和香葱混入肉锅中，加入适量的冷水，取文火反复翻炒焖炖几小时取用。

制作菜肴

红东坡（红炖）

此时一大锅朱红色的肥而不腻、香气四溢的红炖肉就制作而成。余后只待起锅上桌了。

白 炖

白炖的制作方法与红炖相近，只不过食材改用猪头肉并充分利用猪其他部位的棱角肥肉。制作时肉的规格与红炖肉大小一致，但不必像红炖用肉一样方正，一般是切成三角形的肉块。烹调前先用适量菜油烧热加入白糖，待白糖化解为花时，把切好的肉坨置入锅中翻炒上色，再把草果、八角等配料加入。其制作配料和烧制时间与红炖制作相差无几。

酥 肉

酥肉是采用猪前后腿瘦肉和适量的肥肉，方法是将选好的肉洗净切成拇指大小的肉块，在大盆里打入生鸡蛋，一般一市斤肉配入生鸡蛋 5 个。然后再混入豌豆面、麦面、小粉以及草果面、酱油、红糖、米白酒、食盐等作料，加适量水

进行调拌。待调拌均匀后，用筷子夹住一块肉再敷涂上豌豆面、鸡蛋等辅料，在已烧沸的大油锅中依次轻轻夹入进行油炸。待酥肉炸熟成椭圆皮，色深黄时，用漏斗将其捞出在备好的大簸箕里沥干。沥干后将酥肉再回锅加入适量冷水，用文火炖煮，摆桌前配入香葱等作料。

百合包丸子

百合包丸子的食材选用粒大新鲜的百合和鲜猪肉。猪肉一般七成瘦肉三成肥肉相配。制作的方法先是把肉剁细成肉泥后加入生姜末、草果面和食盐搅拌均匀。而后把百合分解成瓣洗净，再在大碗里涂上猪油，把肉泥置在百合瓣里呈圆形莲花状放入大碗中。待丸子全部包完后把大碗分层次地装入蒸笼里熏蒸至熟。然后把蒸碗反扣倒入另外备用的大碗中。扣前在备用的大碗底置入已煮熟的粉丝或小白菜渣。一碗形如莲花，老少皆宜的百合包丸子就可以上桌了。

八宝饭

制作八宝饭的食材一般采用本地上好品质的新糯米和红糖、豆沙、猪油以及核桃、芝麻籽、烤香的花生面等。首先把糯米浸泡淘

地方美食——酥肉

洗后，放入甑子里上锅大火蒸熟，然后把已蒸熟的糯米扣在大盆里，待糯米稍凉后把以上备好的作料红糖、猪油等与糯米混合拌匀。选用土制陶碗并在碗底从下到上四等分地把豆沙、核桃泥和花生面分线条均匀地置入碗中。而后再将拌好的糯米置入碗里与碗口一致，逐碗排列放入蒸笼里大火熏蒸至熟。当以上工序完成后，再将八宝饭反扣倒入备好的大白瓷碗中，一份线条明晰形如小金山的八宝饭就算制作完工了。在上桌前再在八宝饭顶端放一颗罐头里取出的艳红的樱桃加以点缀。

地方美食——八宝饭

三鲜汤

三鲜汤通常是采用豆腐、瘦肉泥、豌豆粉皮以及菠菜等制作而成。制作方法相对简单，就是在已烧沸的开水锅里先置入豆腐片、粉皮，再加入肉泥和菠菜进行搅拌。而后加入适量的食盐、草果面、味精等即可。制作三鲜汤之目的是达到六大碗的干湿、色彩和荤素搭配，使宾客增加食量。

以上就是宝丰古镇婚宴酬宾待客普遍采用的六大碗制作方法，但在具体制作中，除了红炖、白炖、酥肉三个必备的

菜肴外，其他几大碗也可有食材的变化，如有的在六大碗里也改用鸡肉碗，鸡肉里混入粗粉丝、木耳等辅料。

六大盘的制作

六大盘的制作方法同样也有主次之分，也讲究荤素搭配、色味搭配、香辣搭配、酸甜搭配。

熏　肉

熏肉的食材一般选猪里脊肉、猪腿瘦肉和猪肝等熏制而成。其制作方法首先是把选好的猪瘦肉切成长 30~40 厘米的条块状，其次是用适量白酒、酱油、生姜、草果、八角，适量食盐和生香油，将肉和作料反复搓揉均匀后腌制几小时。然后将已腌制好的肉整块地放入热油锅里文火熏炸。猪肝的熏制是先在猪肝内充气，使肝体完全膨胀后再加入作料，放入已沸的油锅里炸熏。待熏肉熏熟炸透后捞出置于盆中。待油温彻底冰凉后，用刀按肉丝纹路相反方向切成厚若筷子头、片如茶杯口大小的椭圆形肉片，依次整齐地排列在盘子里。

凉拌鸡

凉拌鸡是宝丰古镇最具特色的菜肴。凉拌鸡的食材选用本地土鸡以及鲜白萝卜丝、树胡子（能食用的寄生植物）、莴笋丝、红萝卜丝，另外还加入大蒜、香菜、核桃泥和花生粉、食盐、味精、油辣椒等辅料。其制作方法是：将鸡宰杀洗净后取出内脏，再在鸡内腔里置入草果面、生姜泥、八角、食盐等作料后整只下锅煮熟，而后捞出晾干。在盘底放入已切拌好的辅料，再将鸡肉剁成4~5厘米长的小块，完全覆盖住辅料，待一切工序完成后，在鸡肉上方放置油辣椒和加入本地自产的桃醋。一盘荤素搭配、清香四溢、酸辣味十足的凉拌鸡就制作完成了。

膏漓肉

制作膏漓肉的食材选用猪里脊肥肉及香油、鸡蛋、小粉面、芝麻、红糖等辅料。首先把膘肥肉切成小指粗细的长条肉，然后把鸡蛋、小粉面混入肉里搅拌均匀，再把已拌好的肉条泥用筷子逐条夹入沸油锅煎炸。待炸熟后将已熬制成的红糖浆勾芡在膏漓肉上，最后再在表面撒上已煎炒好的香芝麻粒。

冻　肉

制作冻肉的食材选用猪头肉、猪皮和猪骨头以及红糖、酱油、食盐、味精等辅料。先是把猪头肉上大锅煮熟，而后把猪骨头上的肉全部剔除在大盆里切细，再把切细的肉和骨头回锅里进行熬煮。待肉煮熬成糊状前，把骨头捞出锅并加入食盐、红糖浆水和草果

地方美食——冻肉

面、味精等作料搅拌均匀，然后把肉和汤浆全部舀入大铁盘里冷冻。当肉浆完全冷却后冻肉就制成了，厨师像划豆腐一样把冻肉切成块划出，再切成整齐的明信片大小的长方形片肉入盘。

鱼　盘

食材选用一市斤左右的鲤鱼若干，把鱼去鳞开肚后洗净并在鱼身上斜切几刀。在大盆里加入小粉面、生姜、草果、酱油、食盐等辅料及少许冷水进行逐条腌制。而后将整条鱼置入已烧沸的大油锅里进行煎炸。待鱼炸成深黄色后逐条地捞出沥干，再回锅加水文火炖煮，待鱼彻底煮熟后整条置入盘中，并在鱼身上倒上已炒好的猪肉杂酱、糟辣子、香菜等配料。

鸭蛋香肠

食材主选已腌制好的鸭蛋若干和当地白族传统制作的猪肉香肠。其方法一是把鸭蛋洗净连皮一划四瓣；二是把香肠煮熟后成斜面切成片状，然后把香肠片整齐地置入盘子里的一面，再把鸭蛋排放于盘子的另一面联合组成拼盘。一般一盘中用鸭蛋两个共八瓣，盘内不必再加其他作料（此盘菜肴也可以用花生米、腰果或牛干巴代替）。

以上介绍的是宝丰古镇婚宴酬宾待客“六碗六盘”菜肴的制作方法，它是宝丰古镇千百年来饮食文化的积淀。

宝山矿藏 林海山珍

山里有矿藏，林中有山珍。藏匿在深山里的宝藏，是云龙这块宝地必不可少的组成部分。

漕涧境内的锡矿、铁矿，检槽乡师井村的铅锌矿，白羊厂、龙马山、大功厂的铜矿，澜沧江以东“五井”的盐矿，功果桥至苗尾的板岩……地处滇西的“三江成矿富集带”，有 19 个矿种。

云龙锡矿带位于青藏滇缅“歹”字形构造收缩部位的澜沧江变质带中，属于东南亚锡矿带东支——滇泰锡矿带的北延部分。矿带北起泸水县石缸河，南至漕涧铁厂，长约 30 公里，宽 5~15 公里。县内还有金、镍、锌、石膏、水晶、煤等矿藏，或许还有很多矿产资源藏匿在深山中，等待着人们去发现。

在云龙这块 4000 多平方公里的土地上，生物物种的多样化充分体现在那富甲一方的森林资源中。由此派生和繁衍出了各种各样的珍稀动物、虫鱼鸟兽，以及山野草甸、田园牧场的农业作物、家禽家畜、中草药材、天然食品、山珍野味等等，真是绚丽多姿，极为丰富。

❶ 矿产

❷ 蜂蛹

❸ 蜂蜜

❶黑木耳

云龙森林覆盖率非常高，苍峦叠翠的群山中有红豆杉、滇山茶、云南榧木、秃杉、铁杉、黄杉、银杏、红椿、滇楠等数十种国家一、二、三级保护树种及总数达110科650多种的木本植物。其中，仅植物类食材就有各种菜蔬以及天麻、核桃、板栗、蜂蜜、花椒、芸豆、荞面、红米、香油等等；还有松茸、竹荪、鸡纵、木耳、香菇、灵芝、牛肝菌、羊肚菌等200余种野生菌；至于山嵛菜、蕨菜、竹笋、树花菜等山茅野菜更是繁多。

这应有尽有的天然食品和山珍野味，令人真正品味到，云龙，不愧为横断山中的一块资源宝地！

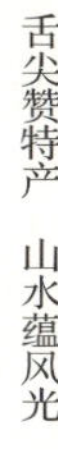

❶ 板栗

❷ 梅子

❸ 滇橄榄

❹ 五味子

云龙茶

说起云龙的茶，人们自然就会想到大栗树茶、佬倵茶、野生原味的罗峰茶，它们一直是享誉县内外的特产，受到广大消费者的喜爱。

大自然赐予的得天独厚的原生态条件成就了云龙茶叶品质的优良。大栗树茶一般种植在海拔2300~2500米的云雾山中，土壤、气候适宜，阳光、雨量充沛，远离城市和工业污染源且周围有茂密的天然防护林，面临澜沧江，山高谷深，形成了“晴时早晚遍地雾，阴雨连天满山云”的独特小区气候环境。茶园连片集中，土层深厚，土壤为黄棕壤，有机质丰富（高达6.01%）。这样独特复杂的地理环境养育了茶园，其生产出来的茶汤色和叶底黄绿明亮，芽叶嫩匀完整，其形状为螺形和条形，螺形茶紧结重实，卷曲成螺显亮，光滑匀整，色泽绿润；条形茶紧实匀整，灰绿上霜。滋味浓醇鲜爽，熟板栗香浓郁，耐冲泡，回味甘甜。

佬倵人居住在云龙县团结、关坪等地区，是彝族支系。其居住的彝乡云雾山拥有得天独厚的自然条件，山高林密，空气洁净，海拔高但气候湿润，非常适合茶叶生长。因此几百年前佬倵人就

采茶姑娘

开始了种茶、喝茶的历史。

“佬倵茶”产于佬倵人所居住的海拔2500米独有小气候的山中。其色泽如玉、卷曲类螺，味清香满口，丝丝回甘，为绿茶中的稀有真品。佬倵茶最大的特点是清淡，细腻。茶瘾大的，喜欢喝浓点儿的茶，一般会选择大栗树茶；而喜欢喝淡的就选择佬倵茶。“佬倵”茶因其品质高、味道好，从而赢得了良好的市场口碑，仅是滇西本地市场都供不应求。

罗峰茶，是云龙人用一种野生植物的芽叶加工冲泡的“茶”。记得雪门先生（云龙龙门书院山长举人杨景程）的《知百轩遗稿》中记载：将“云龙诸生”所赠罗峰茶馈赠考官，医治好了考官的痢疾。考官再要了罗峰茶，转赠“阁部”，又同样医治好了“阁部”的痢疾。这样好的罗峰茶，昔年常见有人摆摊卖，或熬煮成茶膏出售。

大栗树茶园

小城的色彩

云龙的冬天没有北方那样寒意料峭，显得温暖而有色彩。一户户人家院子里栽种的花卉、村前村后的柿子和麦地湾梨构成了冬日小城的色彩。

在云龙，最先感受到的温暖和看到的色彩是那一户户人家院子里栽种的花卉。

云龙复杂多样的立体气候，得天独厚地成为云南各类兰花生长的黄金地带。全国兰属植物 31 种，云南省有 27 种，其中云龙就有 22 种：朵朵香、豆瓣绿、莲瓣兰、春剑……目前，云龙发现和栽培档次较高或独有的，一是豆瓣兰类。其中，紫红素是在沘江下游宝丰大栗树坡脚半阴山发现的，发现时仅有 6 苗；天池奇梅是在天池山龙飞箐附近山上发现的；玉福金是 2001 年发现的；三星香碟也是云龙的一大名花。它们被称为是云龙豆瓣兰中的“四绝”。二是莲瓣类，红莲瓣、白莲瓣、黄莲瓣、绿莲瓣、奇花莲瓣兰、素馨莲瓣兰这六大品种都出现在云龙，故此小城有个“莲瓣名兰之乡”的美誉。繁多的品种，清风弄影，千姿百态，令人目不暇接。早在 600 年前，就有了白石顺荡凤尾兰、天池红梅瓣这两种兰花的历史

兰花

记载，但那时人们对云龙的兰属品种还没有完全的了解和认识。到了清朝乾隆年间，云龙兰花文化在继承养兰传统的基础上又有了新的发展。

云龙人爱花养花是出了名的。兰花，花之君子者也，它的美让云龙人如此痴迷，每家院子里都摆满各种品种的兰花。最常见的要数虎头兰，叶子比起其他的兰花要大，开的花也多。而有名气的兰花，主人可是像宝贝一样珍藏伺候，不会随意摆在院落里。那绿油油的兰叶，素雅的花瓣，总是让小城的人把日子过得淡泊、舒缓。其中，马锦文与兰花美丽的故事更是让人津津乐道。马锦文“生有异质，聪明绝伦”，他1747年登乾隆丁卯科举人，1752年进京殿试中进士，超群出众的才华深得乾隆的嘉许，赞之为“柏台执简魁多士，云甸开风第一人”。马锦文从小爱兰，读书时常利用课余时

❶ 枸杞（地骨皮）

❷ 瓜蒌

间上山挖兰，马家所修建的兰花台，栽有数十种兰花，其中有红梅瓣、凤尾兰、豆瓣覆轮花、覆轮红舌兰。马氏大门上方栽了两盆兰花，一盆是银边虎头兰，另一盆是竹节兰，至今还留存下古老的根堆。他进京带走的就是马氏兰园中的红梅瓣、覆轮红舌兰。马锦文虽中举人、进士，进京后还是思念家乡兰园的神韵，写诗云：“当年瑞草出尧皆，今日香花笔下开。寄语放翁勤护惜，升廷秀气卜将来。”

云龙人养得最多的花卉除了兰花，还有杜鹃花、茶花、桂花。云龙的杜鹃花品种多，分布广。主要分布在天池保护区、志奔山、小罗坪山、天子山、喇嘛枯山等地区。天池地区杜鹃品种有 11 种，志奔山有 23 种。花色有黄、白、乳白、粉红、深红、淡红、紫红等。品种有团花杜鹃、宿鳞杜鹃、光柱迷人杜鹃、泡泡叶杜鹃、薄叶马缨花等。其中一种大白花杜鹃亦称岩花，为人们所经常食用，堪称云龙山珍美味。云龙茶花一直以花大色艳名冠天下，朱砂紫袍、童子面、恨天高、大理茶等传统名茶更是备受人们喜爱。小城还有一样别具诗意的花——桂花。“桂子花开，十里飘香。”中秋节前后，只要到小城人家家里一坐，就可以闻到桂花的清香，月圆、花好。

然后是挂在村庄外的柿子。小城的柿子主要生长在表村和漕涧两地。一到冬天，柿子树上挂满了黄灿灿的柿子，看一眼，暖意就融化了一身的寒冷。微风吹拂着落叶，挂在树上的柿子渐渐鲜亮起来，这是冬天最美的颜色。房前屋后，到处是粗壮的柿子树。红彤彤的柿子挂在树梢，风姿神秀地“长记秋晴望”。柿子是热烈的、温暖的，是那样充满生命力，漫步村前村后，给人无限的慰藉。

麦地湾梨园在云龙县城的西面，它有个好听的名字叫

怒放

“天池梨园”。从县城沿着蜿蜒的公路西行 10 余公里就到梨园了。刚进梨园，看到满山的梨花在深褐色的土地上怒放，像一条雪纺纱的丝巾挂在山腰，那一望无垠的白，跑出视线。第一次看到这样盛开的梨花，一大片一大片的，阳光照射下，那片梨花又像波光粼粼的湖面，天际有一只不知名的鸟儿划过，留下最美的身影。

天池梨园已近万亩，这种梨树结出来的梨叫麦地湾梨。每年 10 月下旬至 11 月中旬果实成熟，属优质特晚熟梨，皮有些厚，其肉质细腻、汁水丰沛，无渣滓感，入口落喉就化了。甘甜中带着点微酸，不是那种未熟透的冷涩咬喉的酸，而是沁脾爽腑、很柔和的酸，这种酸来自它所富含的氨基酸。麦地湾梨个大，皮色淡淡的绿黄，并大面积地渗着香润的红，如秋阳冬霜染过一般。这种敦实的外貌就如山民一样淳朴，深受大理、保山、德宏等地市场的青睐。

梨花开放——云龙万亩麦地湾梨

看着满园的梨花，预示着下个季节的丰收。走进梨园，才看清那一棵棵梨树上系有很多白色的细线，而且所有的梨树都没有向上生长，而是向四周打开。细线是用来固定树枝的，把树枝拉开是为了所有的梨树都可以获得充足的阳光雨露。而且在山地缺水严重，这样梨树可以很好地吸收水分。每年都会修剪梨树，但拉线不是年年都进行，梨树成型后就不会再拉。看着一棵棵梨树，一行行排列，修剪、开花、结果，仿佛看到了园丁期待收获的心。梨园对面就是天池村，很多的人家坐落在大山里，从梨园到村庄，隔着很远的距离。那里没有梨花，住在那里的人看对面的山，一定不会寂寥，“千树万树梨花开”的盛景是百看不厌的。

云龙温泉

云龙的众多山谷里，有着丰富的地热资源，有众多的熔岩岩洞和温泉，最为著名的是漕涧镇的下澡塘，还有藏在深山人未识的团结“羊吃蜜”温泉。

漕涧瀑布温泉

自古以来，漕涧镇素有温泉之乡的美誉，境内分布着三处温泉，依其地理位置而名为上、中、下澡塘。其中，上、中澡塘两个温泉地处漕涧镇东山巨大的天然氧吧——大森林中，山青水绿，空气清新，景色宜人，适宜爱好徒步旅游探险的“驴友”们探访游玩，也是当地人春游踏青的好去处。而下澡塘温泉则是其中最为著名的温泉，其水含有钾、钠、氯、碳酸氢等离子以及丰富的硫黄，依化学成分分类属于单纯硫黄泉，对治疗多种疾病具有良好的疗效。洗浴之后，皮肤舒适，头发柔滑，感觉特爽。

下澡塘温泉，位于漕涧东南山麓，距漕涧镇政府驻地 9 公里处，三面临山一面临溪，绿树成荫风景秀丽，拥有世界上较为罕见的温泉瀑布和众多的温泉泉眼景观。属高热单纯硫磺泉，内含 16

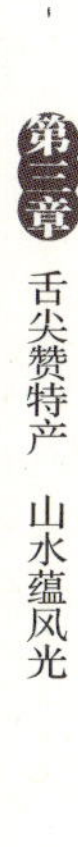

下澡塘温泉

团结温泉

种对人体有益的微量元素，有疗疾健肤之神效。温泉日流量 3000 立方米以上，热水流成河，有漕涧热河之称，即使是众人同浴也能保持池水清澈卫生。下澡塘温泉源头水温高达 86℃以上，按水温分类又属于高热温泉，是国内为数不多的高热温泉之一，可用于煮鸡蛋、烫鸡烫羊等等。下澡塘温泉其实是由云龙温泉瀑布、官澡塘、圣水井等 10 余处泉眼组成的温泉群的总称。其中，漕涧温泉瀑布泉水从四五丈高的悬崖峭壁上倾泻而下，一波三叠，宛若蛟龙，响似惊雷。每逢清晨或绵绵细雨的天气，雾气朦胧，置身其间仿佛超凡脱俗身临仙境。瀑布底下是两个大浴池即叠水岩澡塘，人们利用从天而降的温泉水击打腰腿身躯，尽情地享受大自然赐予的“天然按摩”，故人们又将它称之为“打腰澡塘”。官澡塘，顾名思义是在旧社会只有达官贵人才能享用的澡塘，它也是抗战期间著名爱国将领宋希濂将军曾经洗浴过的温泉。其水源为两股在陡峭的

岩石狭缝中涓涓流淌的温泉。圣水井，是位于叠水岩澡塘边时刻沸腾的一洼清泉，据说有祛病驱邪的作用。凡到此洗浴者非“饮”不可，“饮”以为荣。究其原因，是它含有硫黄和碳酸氢离子等对于肠胃炎等疾病具有一定治疗作用的矿物质。还可以“煮”鸡蛋，你只须用纱布把鸡蛋包好后投入其中“煮”上片刻即可食用……

民间传说中，下澡塘有“父母塘”和“儿女塘”之分。内宫澡塘为“母亲塘”，叠水岩澡塘为“父亲塘”，柏树塘则为“儿女塘”。

每年农历二月初八是这里传统的“二八”澡塘会，是漕涧镇独有的传统节日“漕涧三乐”之一。二月初八前后，来自周边地区的群众扶老携幼，在那里搭起帐篷，安营扎寨，一住十天半月，利用天赐温泉疗疾治病，已有悠久的历史。

河口温泉

患有心脑血管疾病、糖尿病、妇科疾病、眼疾、胃十二指肠溃疡、风湿痛等等的人在医务人员的指导下进行饮疗、蒸疗、浴疗，康体健身，裕达而归。根据不同人群的喜好，在露天游泳池和泡池里浸泡温泉可沐浴阳光、仰望蓝天白云、观看头顶上飞过的小鸟、聆听温泉林里的蝉鸣、嗅闻泉边野花之香，仰卧泡池边的天然石岩上，流动的泡池之水拍打着你的裸身，你可酣甜入睡。把操劳一年所带来的疾病和烦恼随着温泉水洗得无影无踪。每当夜幕降临，温泉周围亮起了堆堆篝火，成为一道独特的景致，很有几分山野的情趣。

漕涧下澡塘是远离城市喧嚣的地方，这里山体绵延，流水潺潺，林木葱茂。在这里泡温泉，清心涤身，品味圣水井的泉液，观云海起伏，置身幽静的山林中，一种原始的神秘感便会从你的心底油然升起，真是一个休闲度假、疗疾康体的胜地。好客热情

下澡塘温泉

的白、苗、彝、阿昌等少数民族的乡友们盼望你的到来，共享天籁神韵！

团结“羊吃蜜”温泉

说到云龙的温泉，还有一处鲜为人知的神秘、甜蜜的温泉。要说漕涧的下澡塘是“霸气”，那这个温泉可以说是“尚未出阁的大家闺秀”，含情脉脉风情万种。人们习惯上把这眼温泉叫作“羊吃蜜”温泉，意思是像羊吃了蜜一样甜美

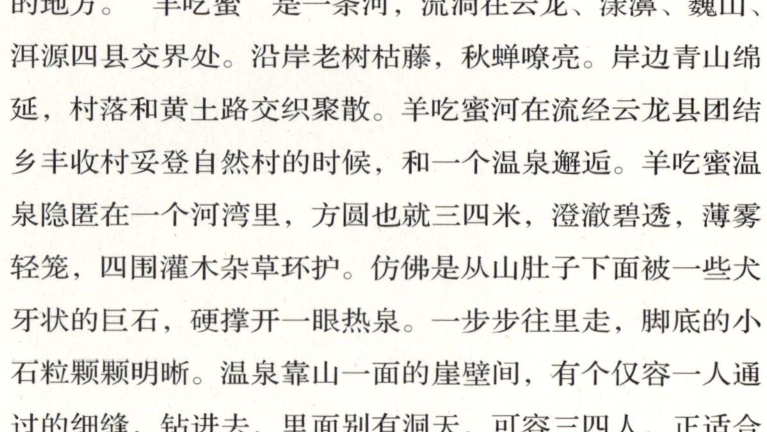

的地方。“羊吃蜜”是一条河，流淌在云龙、漾濞、巍山、洱源四县交界处。沿岸老树枯藤，秋蝉嘹亮。岸边青山绵延，村落和黄土路交织聚散。羊吃蜜河在流经云龙县团结乡丰收村妥登自然村的时候，和一个温泉邂逅。羊吃蜜温泉隐匿在一个河湾里，方圆也就三四米，澄澈碧透，薄雾轻笼，四围灌木杂草环护。仿佛是从山肚子下面被一些犬牙状的巨石，硬撑开一眼热泉。一步步往里走，脚底的小石粒颗颗明晰。温泉靠山一面的崖壁间，有个仅容一人通过的细缝，钻进去，里面别有洞天，可容三四人，正适合说悄悄话。

羊吃蜜温泉是碳酸泉，泡久了手臂上全是细小的泡泡，像粒粒珍珠，一按即碎。潭水并不深，没至腰际，泉心和四围有较大的石块，可择石而坐，听羊吃蜜河唱歌，看潭边翠绿的叶子和天上的白云错落成画的模样。

每年立夏前后个把月的时间里，是这里最热闹的时候，是当地彝族支系聂苏人的“情人节”，俗称“立夏会”。在这几天这里是年轻人的天堂，操劳一天的年轻男女每当夜幕降临的时候便成群结队，纷纷来到这里。在澡塘边上升起一堆堆篝火，年轻男女互相对歌，尽情欢乐。这段时间里，澡塘内不分男女，可以一起共浴。好些美满的姻缘便是从这里开始的。

下澡塘温泉

每年春节的时候，这里又是另外一种风情。这个时候，附近的村民就背上行李锅灶，拿上家里最好的食物，扶老携幼来到温泉边，安营扎寨，生火煮饭，把泡洗温泉当成一年中的大事。这个时期，当地彝族群众有个不成文的传统，澡塘内逢单日男人泡，逢双日女人泡，有别于“立夏会”——“情人节”时的喧嚣热闹，更多的是休闲放松。年轻人的主要任务是照顾家里的老年人。那些年老的、腰痛的、有风湿的，当来自大地的温度抚过人们日积月累的

疼痛，有如神灵摩顶，一年的病痛都无影无踪了。每一个人都焕发神采，一身轻快。

炼场坪“公母”温泉

炼场坪温泉位于长新乡丰云村，距乡政府驻地5公里，有众多泉眼，挖开就会冒热水，敲石就会发出回音。清晨，热雾腾腾，云雾交织，蔚为壮观。当地人说，坝子下面是空的，是石灰石构成的大溶洞，有许多蛇，没有人敢进去。大的泉眼有两处，一处是凹形潭，有几个小水潭，有人说像女

下澡塘温泉

性生殖器，是男人们泡澡的地方；另一处是由于温泉水喷出的垢状物长期累积，又由于水的冲刷，形成一米多高形如男性生殖器的石灰岩柱体。更为神奇的是，柱体顶部有个碗形的凹槽，一年四季清水满盈，传说不能生育的妇女只要喝了这个水，不久就能如愿以偿顺利怀孕。这里的温泉水从上流淌而下，是女人们泡澡的地方。

云龙温泉除以上几个地方外，检槽乡的河口、长新乡的大龙、宝丰乡的石城温泉等都是人们休闲度假的好地方。

下澡塘温泉

世界奇观　云龙太极

太极生云龙。在云龙县城北面，沘江流经庄坪坝子和连井坪坝子之间，形成了“S”形大弯的太极图。“太极”的阴极和阳极两个鱼形图案，与传统道家图案相似无二。

太极生云龙。在云龙县城北面，沘江流经庄坪坝子和连井坪坝子之间，形成了“S”形大弯的太极图。“太极”的阴极和阳极两个鱼形图案，与传统道家图案相似无二。

这幅太极图不是人工描绘的，而是大自然神奇之手制作的。这幅由山和水形成的太极图很大，方圆约 2 平方公里。因其在云龙县城的北郊，所以又叫石门太极图。

由于天然太极图北面有诺邓玉皇阁道教建筑群，南面有虎头山道教建筑群，西北面还有著名的滇西高原明珠——天池，所以云龙老人赋予这个天然太极图以很多美丽的故事与传说。

这个太极图不是雕刻在大地上死板的图案，而是鲜活的大自然中的一部分。因此，它会随季节的变化而变化，给人以不同的感受。

❶ 太极雪景

❷ 太极油菜花

龙游太极

在太极图中，北部的庄坪坝子和南部的连井坪坝子组成两个圆形图案，恰如“太极”中的“阴阳两仪”图形。太极图东西距800米，南北距1000米，最佳观赏位置在果郎鸡尾山或三台山坡山头。太极图周围有鳞次栉比的房舍、袅袅升腾的青蓝色烟、如音符诗歌排列的田野、纵横交错的绿树、金灿灿的油菜花、沉甸甸的稻穗、波光粼粼的活水、婀娜多姿的倒影。

站在观景台上，可观览到太极图全景：一是太极锁水。诺邓河自东北蜿蜒而来，从“太极两仪”的正中间流出，犹如一根银链上挂着一把童锁，古人称之为“太极锁水”。有传说太极图北面江水圆绕如一根帝王玉带，人们恐生不测便挖山断脉，以制止出现“草寇草王”之类的祸患，乃完整形成今日所见之圆形太极图案。二是狮象把门。“太极”图案上

乡村暮色

的阴、阳两个鱼形坝子，北面谓“庄坪”，后面的小山犹如狮头；南面谓“连井坪”，后面的小山犹如象鼻（从南面看又像一个鹅脖子），两山之后就是进入诺邓村的大路，古人将此称为“狮象把门”。三是云岭天仪。站在沘江西面山中俯瞰“太极”图案，形象非常逼真。每至夏秋季节，沘江如红丝带镶边，两个鱼形小坝如两张绿丝毯相对，周边的云岭群山云遮雾罩，山岚飘绕，实在如传说所言，是天宫所用的太极天仪遗留在人间了。而“太极图”东面山中正对着诺邓玉皇阁，南面山中正对着虎头山三清殿，天然图形和中国道教信仰中最高的神宫神殿连在一起，充分体现出其中的道教文化理念，真可谓是“天人合一”。

关于太极图的来历，有一个故事流传在人间：传说很久以前，庄坪坝子里的农民正在田里热火朝天地劳动，突然天空乌云翻滚，电闪雷鸣，倾盆大雨瓢泼而至。雨连续下了七天七夜，山洪暴发，

泚江河水猛涨，冲垮河堤，淹没农田，卷走民房，民不聊生。老百姓的哭声惊动了南天门的天兵，天兵立即禀告天庭，玉皇大帝马上派了一位仙人下凡治水。

仙人来到凡间，看到水魔冲毁了石门、宝丰一带农田、房屋。他认真察看灾情，了解受灾原因后，便带领百姓修筑河堤，重建家园，并决定在庄坪坝子造一个太极图镇住水魔。仙人和百姓一起不辞辛劳地把五宝山上的土石背到庄坪坝子堵住河道，整整背了七天七夜，正好形成一个“S”形的太极图案。顿时水势减弱，百姓终于得救了。而在五宝山取土石的地方则留下一个大坑，形成了美丽迷人的高原湖泊——天池。

霞光太极

高原明珠——天池

天池亦名署场海，位于云龙县城西北的五宝山上，距县城 22 公里，属高原断层湖，是全省最大的自然高山湖泊。天池因水面的洁净和风光的秀美被人们称为滇西“高原明珠”。

在天池附近方圆几十里内的白、汉、傈僳等多民族杂居的村村寨寨，都流传着一段关于天池由来的动人传说——相传很久很久以前，那时的天池这个地方还叫署场，是一个百草丰茂、野花遍地、供人放牧的绿草坝。直到有一年，洱海龙王三太子决心离开洱海另寻安身之所，被深藏于环山中的这块绿草坝迷住了。随之将这里变成一个清幽的湖泊，这个湖泊就是今日的云龙天池。

云龙天池又叫署海场，古称高海子，是一个天然的高原断层湖，并不大，不到 2 平方公里，海拔 2500 米。天池因水面的洁净和风光的秀美被人们称为“高原明珠”，自古以来，天池以秀丽的湖光山色、繁茂的森林草甸和美丽动人的传说闻名于世。它不仅是云龙旅游的一张名片、一个品牌，还是国家级天池自然保护区的核心。

天池周边有五宝山，最高海拔 3225 米，登山顶看日出是一大奇观。清早日出之前站在山巅，只见云海茫茫、群山隐遁，待太阳

天池

将出时天际奇彩变幻无穷，随后东方霞光万道，云层上面突升一轮红日，蔚为壮观。天池是古代诺邓等盐井通往腾冲及缅甸的“盐马驿道”必经地，湖两边岭下皆有驿道踪迹，每至夕阳西下，余晖洒照在苍老的青石板上或铺满落叶的古驿道上，使人油然而生一股怀古之情。

天池不仅以其独特的自然风光出名，而且还以环山众多的动、植物著称。连绵起伏的山峦，幽谷中生长着万顷天然林——云南松、高山栎、铁杉、冷杉、红豆杉、楠树等树木，伴生着杜鹃花、竹子等灌木林、次生林，高等植物有 58 科 170 多种，有“天然植

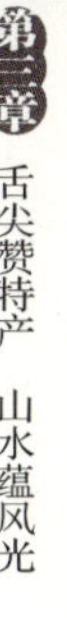

物园”的美称。原始森林中，还有许许多多的野生动物，属国家一、二级重点保护的动物就有 50 余种，有滇金丝猴、金钱豹、小熊猫等，鸟类有红腹角雉、金丝画眉等，有“天然动物园”的美誉。

天池周边多湿地和草甸，夏秋之间，花繁草绿，犹如绣毯。而东南的署场大浪坝海拔有 2500 米，是一片宽阔的草地，牛羊猪马在蓝天白云下自由地享受着阳光和青草，村庄如散落的珍珠般点缀在青山绿水间。这里远离城市的喧嚣，入住这样的小山村，听鸡鸣犬吠，看日出日落，那感觉就像

梦幻天池

世外桃源。那如茵的草甸，云朵般的羊群，星星一样散布的野花，阳光里闪闪烁烁唱歌的小溪，还有四围排列有序的高高松林，松林上蓝得滴水的天空，天空下一卷卷棉花糖似的白云，再加上细细密密的山风，如同最轻柔的丝绢，滑过你的脸庞，携带大山的气息、泥土的芬芳，以及阳光的味道……这一切让人产生错觉，以为置身于天上人间，有别于现实生活的维度，是一个梦境，一个童话世界。

滇金丝猴

❶ 松鼠

❷ 赤红山椒鸟

❸ 红嘴蓝雀

云龙虎头山

云龙4400多平方公里的山河，处处风光如画。除了“千年白族村”诺邓、天池、宝丰古镇等景区和古桥梁群外，虎头山景区、道教建筑群无不呈现出浓厚的人文景观和优美的自然风光。

虎头山与县城近在咫尺，城里很多房子都盖在山脚。山上危岩高耸、气势雄峻，两溪拱绕、万壁千寻，古木虬枝、风情万种。就在天工造化的奇景中，前人因山就势，修建了大量的寺观庙宇，还有众多的石窟、石观、石梯、石桥、石牌坊等石建筑。从城里沿千级石台阶登山，过了山门后就有步云亭、上花台，然后就在“兆春亭”仰望虎头山风光全景。虎头山是由“张仙祠”“王母寺”“虎头寺”“老君殿”四大院落和大大小小的石窟石屋组成的。

虎头山险峻奇雄，以形似虎头得名，海拔2000米，凤岭东环，蟠龙西护，睡象北朝，风姿独具。明初山顶建有山神庙，成化年间修建有真武阁，清乾隆至民国陆续修建了一些道教寺观，形成别具一格的虎头山道教建筑群。虎头山被誉为“五云胜景”，山上有岩石的雕塑，岩石的文化，岩石的神奇，真是一派石骨仙风。下面，请你和我一起慢慢爬山，一起领略虎头山的“奇险幽静”吧！

云龙虎头山

沿老石关公路起点向东约500米，就到了虎头山的大门，说是大门，其实是一个新建的牌坊，正面上书“虎山”，你便知道从这里开始就属于虎头山了。朝南往上攀登近千级石阶至兆春亭，“回首俯观驻足已登千级石”。抬头放眼是一片千余平方米的大青崖，沿山脊而上，崖面上那根石杖，那柄石扇，那张石床，还有那只石足，展现在你面前，向你讲述一个美丽而古老的神话。那是仙人的禅杖，仙人的拂尘和他坐床休憩的地方，是他步越九天或飞跨另一方佛地留下的足印。“天工人巧百年变，扇画青山山画扇”，这些不经雕琢却又惟妙惟肖地显现在石崖上的自然图像，又该如何释读？如若是夏季，虎头寺旁边的溪箐便会从悬崖上飞落，你自然就会想起“飞流直下

三千尺，疑是银河落九天”的诗句。

至石崖顶部，“第一山”摩崖迎面映入眼帘，那是北宋大书法家米芾晚年的杰作，笔力刚劲有力，给人以力量，使人一扫乏力，重新振作精神。穿坊越桥，翻过石梯，就到了张仙祠，祠内供奉张三丰。进入祠内，苔草绿阶，微风拂面，十分凉爽，疲困暑热，顿感消释。转入前殿倚栏小憩，纵目西望，观音坛悬挂在深涧西侧崖壁，纯阳祠、观音龛、南极老人祠，层层依崖构凿，玲珑奇巧。枝干盘曲的苍松，似虬龙，昂然挺立；劲节的翠竹，如屏风，丛丛玉立。透过蝉翼般缭绕的轻雾，“云生足下”“紫竹林”等几方摩崖，依稀可辨，宛若南海仙山的一座盆景。

虎头山全景

从张仙祠后门出去，过了一座石桥，便有一条盘山栈道，一台台石级沿岩石而上，宛如一条蟠龙盘踞在岩石之上，待势欲飞。从这里上山，比较辛苦，还是转头回来，从大门外而上更加轻松。

出张仙祠往上 50 余步到寿仙祠，石祠上有联句提醒你："青苍削处难留步！"九拐八弯，盘盘曲曲而上便到了弥勒殿。这里的弥勒，也是巨石上雕琢的，大腹便便，袒胸露乳，笑容可掬；那尊点石成金的财神爷，跨虎扬鞭，手握元宝，将赐予谁，会激起你妙想遐思。

财神祠西侧一笔草书的"虎"字，镌刻在一方巨大斜悬的崖壁上，字径 3.5 米，从起笔到落笔，一气呵成，酣畅淋漓，气势磅礴。起笔力重千钧，似虎头，圆转弧曲的中部笔画，似虎纹，上下纵贯劲健的一笔，恰如铁铸钢成的虎尾。这"虎"字，就是一幅虎踞雄岗，吼啸林泉，威震群山的立轴。据传那是道光年间石门人杨名飏任陕西巡抚，微服出访，一位星相老人从他眉宇间察知他不是凡人，但寿相不足八旬，故赠以"虎"字。取字形下部，寓七九不出头，只能活 79 岁。后来果真如此。还有一说，是道光皇帝的御笔，由杨名飏带回拓刻。

再往上过三官殿、太子阁，"千寻紫阁山为干，一岭青

虎山烟雨

云石作梯！”从寿星祠到太子阁，五座祠、殿、阁、龛的柱、梁、檐、顶及其内部陈设有香炉、供桌、坐凳，外部的石坊、护栏，大多依山就崖因形取势雕琢，设计奇巧，或是用巨石打制镶嵌砌构，天衣无缝，全是岩石的天地，真是别具一格。

在太子阁东侧抬头仰望，字径不大的隶书“洞天”两字跳入眼帘。扶护栏一步一挪迈上石梯，左边是一线笔直的石砌柱墩，高五丈许，直刺蓝天，石墩是依崖劈凿而成，顶部一方半月形的巨石横作门楣。入门只容一人穿登，步步险奇，难以转身，不可回头。再经三弯四拐，忽左忽右穿四道门后登上虎头寺山门，左右两尊大佛映入你的眼帘，那是哼哈二将，怒目圆睁，守护山门。在此驻足，可观县城景色，细细体味，三面青山层层叠叠奔来眼底，整座县城一览无余。民居高楼，鳞次栉比；田畴农舍，疏密棋布；狮河沘江，如练如带，穿越而过。晨曦登临，漫雾堆絮，则有蓬莱仙阁之感；晚上凭栏，俯观万家灯火，灿如泼地明珠，仰望夜空，伸手即可摘星揽月。松涛、泉琴杂和，阵阵僧钟流韵远方，余音袅袅，置身其中，能不脱俗忘机？

❶❷ 虎头山彩虹

虎头寺坐南朝北，前殿是桂香楼，楼栏上方高悬“洞天高朗”四个斗方大字。后殿大雄宝殿，三尊金身大佛慈光普照。两侧临千寻绝壑，奇险至极，其西为香积房和接待游客休息的小厅，名家书画悬挂在壁，十

分雅致。东面是素膳间，后为僧尼寝居，两方小院，遍植花木。各方善男信女及游客，四时络绎不绝，香烟缭绕，钟磬常鸣。

寺后两棵老榕树，树干粗大，数人方可合围，枝繁叶茂，一派生机。树荫覆盖数百平方米，犹如一座绿色屏风，为虎头寺添姿生色。树下放置石桌石凳，供游人乘凉小憩。

寺东面是王母寺，她深藏在松林里，格外幽深。寺内花木扶疏，翠竹森森，无比静谧。整座寺观全被包裹在绿色之中，佛铃叮叮，翠鸟和鸣，愈益显出她的幽静、淡雅。

告别大榕树，沿平缓的“虎背”上行百米，到达老君殿。朱红色的高大寺门雄伟富丽，殿宇及庭院占地数亩，她是寺群中最为宽敞的一座，苍松翠柏，四周环护。入大门至前殿是一片新辟的花园，种植的花木欣欣向荣。正殿三尊巨大的三清圣像造型精致，仪态端庄，令人肃然起敬。东园的菊，金秋满园竞放，红的、黄的、紫的、白的，团团簇簇，各显清姿。墙壁上有书有画，画的是雄山秀水，翠柏苍松；写的是咏唱“五云胜景”的清词丽句。浏览间也许会激起你的雅兴，击节低吟。别忘记了读一读一位诗人作的《忆江南·虎山杂缀十二章》，它会弥补你登临虎头山观光赏景的不足。

爬完虎头山最高处老君殿，拜别道家三清老祖后，我还要引你走向幽美宁静的另一处绝美的景色——虎泉和龙池。

出老君殿后门约百米，从山脊右侧斜插下去便是虎泉。一道从底砌筑的弧形高坝长 30 米，像一条石龙锁住两山，蓄积山泉，形成数百平方米的泉潭，深 12 米，池水清澈，宛如一粒晶莹无锻的翠玉，深嵌在山谷之中。

虎泉再上便到了龙池，龙池的结构和虎泉大体相当，但规模比

较大，蓄水也比虎泉多得多。龙池水平如镜，俯观蓝天白云，鱼翔其间；侧视，苍松绿树，鸟栖其上。轻风一拂或鱼儿啄食水面，又把这幅水中的画撕碎，瞬间，复又重现。水从崖罅注出，是大地的乳汁，一掬吮饮，甘洌无比。

游览完“龙池”后，你便沿虎头山西面的“蟠龙栈道”回去，沿途险秀奇幽，别具风光。十二属相的雕刻，伴随着你步步往下，下山只须20来分钟就到城里了。

虎头山，山有伟岸奇雄的阳刚之美，林泉有清幽宁静的柔和之美，更有清新儒雅高亢激越的文化之美。山上的亭、台、坊、阁、寺、殿，这些天设人造，雄伟瑰丽的胜景，使人振奋，叹为观止。

盘山道

澜沧江高峡平湖：云龙升起的地方

云龙境内多高山，在这些海拔2000多米至3000多米的大山上，自然风光优美，动植物资源非常丰富，是热爱大自然、喜欢山野活动的旅游者的极好去处。

云龙山多，古人曾称云龙为“山国”。

天子山上，宽阔的草场中看那悠闲的牛羊自由地欢奔，高大的冷杉、铁杉林和混交阔叶林相互映衬。在那蓝天白云下到处都充满了高原生态的魅力，在山顶的草甸和沼泽边缘，是成群的牛羊和马儿自由奔驰的天地。

澜沧江西面山梁上的喇嘛枯山到红海梁子则是一片片更加雄峻的高海拔森林草甸风光，而那志奔山、道人山的景致又是特色鲜明，既有美丽的高山草场，又有多样的生态植被。从谷底的江边到山顶，分别是热区、亚热区、温带、冷温带的植物群落。每座山有每座山的气势和幽雅，每座山有每座山的妩媚和风情，云龙的大山里到处都可找到陶冶你性灵的魅力。

还有水。在茫茫苍苍的云岭山脉和高峻挺拔的怒山山脉脚下，蜿蜒舒展的沘江、烟波浩渺的澜沧江和急湍奔腾的怒江从这里流

过。大自然造化出了这里的湖泊、河流、瀑布和温泉。

云龙的水力资源非常丰富，“三江并流”当中就有两条江——澜沧江和怒江从云龙经过，美丽的绿水青山就是云龙旅游的一大特色。澜沧江支流上有沘江和空讲河、箭里河（下游叫顺濞河、黑潓江）；沘江的支流上又有师里河、清水河、象图河等等溪水河流；怒江的支流有孙足河、老窝河等。澜沧江边上的功果桥镇即以前的古镇“旧州”（以下统称“旧州”），景色尤其著名。

云龙旧州八景

漕涧梁子秋色美

云龙旧州早在清朝年间，诺邓黄进士出游至此，饱览胜

景，赞叹之余，兴作“云龙旧州八景”，传颂迄今。

蒲甸朝霞 金秋十月，霜降雾生，清晨蒲甸山和紧挨山麓的澜沧江，如絮白云翻腾变幻，姿态万千。须臾，团团白雾升至山麓江面纹丝不动。这时云集雾止，山林显形，而山麓江面却被一条长达数里之巨大“云龙”遮得严严实实，全然不见。直到旭日升起，泻下朝晖，静卧已久的“云龙”似梦方醒，但见轻翻慢卷，有如舒腰试爪。约莫一个时辰，银色巨龙却神奇地出现在蒲甸山麓，继而渐渐化为七彩朝霞，其炫目光华，无比壮观。这就是著名的“云龙旧州八景”之一的“蒲甸朝霞”。皆说“云龙县”因此得名，《云龙县志》亦有记述。

老街千竹 古镇旧州老街多竹，实心竹、扫把竹、龙茅竹、山竹、蛮竹，种类繁多，生态各异，其用途也因质地有别而不同。真可谓无土不生根，有地便成竹，碧罗雪山峡谷更是竹的世界、竹的

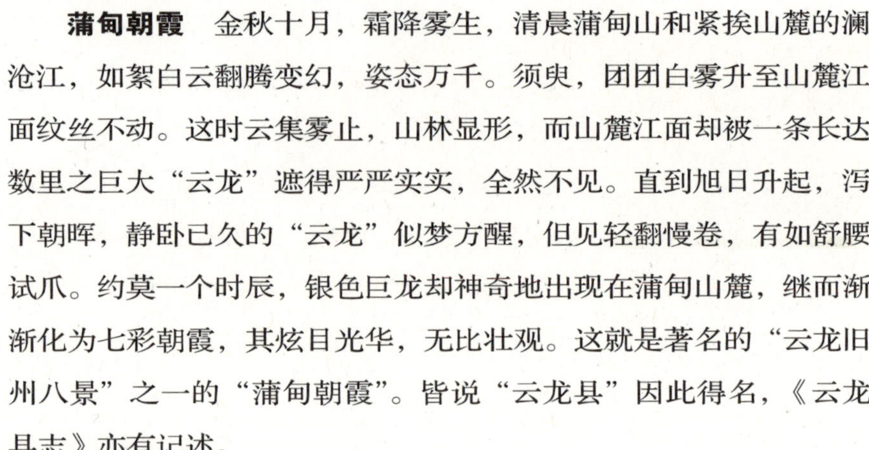

海洋。这里的竹有的伟岸参天，有的旁逸斜出，有的秀颀油绿，有的墨黑如漆，其姿色之多，不胜枚举。难怪如今大瓦房早已代替小茅屋的人们，仍爱以“三间茅屋一窝竹”之说来称道旧州竹多、竹美的景色。

苏溪夜月 每当夜月从苏溪后山冉冉升起，江面月色自山巅徐徐下移。其时，犹如巧艺功深的大师，挥运神笔作画；起笔碧罗雪山生辉又涂老街翠竹流银，继而层层梯田黑水回光射月，错落房顶层角分明……月移景变，妙不可言，诗情画意，幽深迷人。甸尾坟山一古墓有联云：“松球晚挂苏溪月，竹径朝飞蒲甸霞。”

崇山积雪 旧州背靠的碧罗雪山，当地称“崇山”，每值天寒岁末，山巅飞絮，白雪皑皑，三尖石、道人山诸峰一夜间银装素裹，起伏山峦，宛如银蛇欲动，又似蜡象奔驰。而山麓江畔却花繁叶茂，摇扇纳凉。垂直气候，立体景色的小小旧州，融北疆南国的风光于一堂，奇丽天工，更显“崇山积雪”别有洞天。

两甸农歌 “两甸”（云龙甸）即上下甸尾两个白族聚居村寨，旧时居民均系“佃农”，民俗喜歌好唱，能吹喜弹，因而得名。过去农作，犹以栽插，习惯来“赊”（相似变工互助组织）。大男大女，手插秧，口唱调，此起彼落，歌声不绝，热闹非常。

梭罗倒影 梭罗甸村北面，碧罗雪山脚下的澜沧江里，有一个水塘，每逢涨水季节，没入江水之中，全然不见，江水退去，就又显露出来，水塘周围有一圈活像人工砌的石堤。堤外涛吼浪翻，堤内塘水微波不兴，日照之下，远离眺望，犹如一面巨大圆形宝镜，银光反射，无比壮观。走近观看，塘中可见一树倒影，时隐时现，着实神奇，至今仍有人得见塘中倒影。

茂盛田园风光

仙人晒丹 瓜拉箐尾古迹桥头有一巨石，每当日光照射，巨石之上呈现活脱脱的人足印。足印周围似有无数金珠赤丸，闪射光彩，琳琅夺日，开天气爽，丹随日移，如人晒丹。

秦滩落雁 澜沧江边的三龙甸村，最早住有秦氏人家。这里江心有一个四面环水的大沙滩，当地叫它“秦滩”。早年成群大雁常来秦滩栖息，白日嬉戏于沧水，夜来鸣啼声声悦耳。如今秦滩无存，雁群难觅，偶有失群孤雁几声悲鸣，似忆当年胜景。

神奇的道人山

“考其舆图，广袤千里，高山大川之包举。”云龙县地处国家“三江并流”风景名胜区，有着雄奇秀丽的山川，有各具特色的自

秦滩落雁

然景观，神奇的道人山就是其中之一。

道人山，位于澜沧江西岸云龙县境内，它高大雄伟，壮美神奇。清光绪《云龙州志》载："昔有道人架石为屋，于山顶而居焉，故名。"跨过滇缅公路上著名的功果桥，告别澜沧江，向西攀登，爬着爬着钻进深山密林中，航测地形图上标着道人山主峰的高度为海拔 3656 米，从山脚到山顶，相对高差为 2400 多米。进入不见天日的原始森林中，只见直挺挺的松树成片生长，高大粗壮的树干像一根根的擎天柱直插云端，枝丫上垂着细长的白色蔓藤，就像老人飘撒在胸前的胡须，处处显示出原始森林的奇异景观。随着海拔的增高，走出密林，豁然开朗，满地都是草甸植物，有的地方长着密密麻麻的箭竹和各种各样的山花，真是看不尽的奇花异草，

道人山红杜鹃

采不完的珍贵药材。

不断攀登，山势越来越陡，气温也越来越低，路变得越来越窄，成了羊肠小道，只能侧身扶岩往前一步一步地移动，令人提心吊胆。回头俯视，下临万丈深渊，十分惊险。

到达顶峰登高望，“一览众山小”，澜沧江变成了弯弯曲曲的一条白色的粗线，江两岸重重叠叠的山峦尽收眼底。道人山屹立在滇西大峡谷中，它陡峭、惊险、奇异，显得格外雄伟神奇。东边是奔腾的澜沧江，远处还可以看到大理点苍山；西南边是保山坝子；西边是高黎贡山；北边是连绵不断的碧罗雪山和丽江玉龙雪山。脚下飘着白云，宛如置身于仙境之中。

山顶有座古庙，它就是光绪《云龙州志》中说的“昔有道人架石为屋”的石庙，全部用石头建造：有石柱 6 根，石梁 5 架，石托方 4 块，石过梁 2 根，石瓦 95 片，石佛 5 尊，顺伸 7.5 米，进伸 3.7 米。民间传说这位道人有高超的法术，驯服了山上的老虎，引得百兽齐来朝贺。又有传说生于 1377 年，1399 年当皇帝，26 岁失位，削发为僧、四处逃亡的建文皇帝，带着部将海轩到武定地区修道，40 年后建文回燕京，海轩继续过着流亡生活，选了道人山修

❶ 道人庙全景
❷ 上大坪日出

庙，买了瓦窑的田地，命产家管业，供养道人。海轩养着一头毛驴，自己会把粮食和生活必需品驮上山。石庙旁有一块残碑，上面还可以看到一些残留的文字："远天一线晴开曙，日出团圆似火榴，登高快者当年迹，禅榻丹灶遗像留……后尊金瓯，东窥永郡，曾指掌汉唐战垒，今田畴良隅一脉开，蒙舍……群山万壑纷难辨，州郡隐耀等阿邛，西望南望复如是……乾海睇浪沧，七潘锡谷雁沘，此去余家真不远"……从这些残存的文字中，可以看出碑文写的是道人山所处的地理位置，道人山的风光。作者在回顾历史中所抒发的感慨，借此抒发离家修道的思想感情。最明白不过的是它描写了在道人山顶观日出的壮丽奇观：清明时节远处的天好似一条线，太阳一出就被周围的云围住，渐渐地看到一个圆圆的好像是着了火的大石榴。一会儿，太阳发出耀眼的光芒，终于冲破云层的阻拦，使大地变得格外的明朗和清晰。

翻过山顶，往下不远处，有零星的古柏，它们有的睡着，有的卷曲着，枝叶却十分繁茂，显示出它们在高山上长期与风雪搏斗的勃勃英姿。

再往下，新的景观呈现在眼前：一个被当地老百姓称为"石棺材"的一块大石横卧在草上，另一头长着一株低矮的灌木，远远看去像停放着一口棺材。

走着走着，一块石山突兀地出现在眼前，它宛如牛峰，人们称它为"牛峰顶"，上面长着苔藓类植物。不远处，还有一座高高的峰，很像马鬃，当地的老百姓称它为"马鬃岭"。再往下，阳山上有针阔叶混交林，云南松和马缨花、杜鹃花交替生长。三四月间成片的马缨花在松林中怒放，满山的花朵灿若红霞，煞是好看。再往下，临近漕涧铁厂村地带，则又是另一番景象，各种树木成片生长，森林植被属针阔叶混交林地带。

神奇的道人山，是云龙县独特的高山自然景观，也是进

行探险考察的好地方。

志奔山九十九塘

人间天堂——志奔山是白州西部漕涧古镇境内一座充满神话色彩的“神山”。它位于“三江并流”区的澜沧江与怒江之间，雄踞漕涧古镇西北方，是澜沧江与怒江的分水岭，呈典型的立体气候。雨量充沛，风光旖旎，层峦叠嶂，独特的气候条件，孕育了丰富多彩的动植物资源。拥有一批国家重点保护植物以及具有观赏性、药用性和极具科研价值的植物类群，是动植物繁衍生息的理想王国。

我第一次到访志奔山九十九塘是 1986 年盛夏，到了漕涧并首

崇山积雪

次深入志奔山。于是，我与当时被誉为漕涧“小香港”的志奔山有了零距离的接触。那些年，矿产资源的开发，使寂静的志奔山沸腾起来。淘矿的人们在那里就着公路两旁安营扎寨，店铺屋舍工棚餐馆密布，“三洋”录音机的音响响彻山野，因其繁华程度被人们誉为漕涧的“小香港”。无数漕涧村民因为在志奔山“打洞子”淘锡矿而发家致富，迈进万元户之列。一位老先生在那里白手起家，先靠摆地摊打气球一毛钱一枪，然后开食店卖汤圆，再后来做起矿产业而成为小康之家。他致富后不忘回馈社会，捐资助学设立奖学基金，在当地传为佳话。如今，20多年过去了，资源枯竭了，淘矿的走了，志奔山尤其是九十九塘的今天是什么样子呢？带着这

个疑问，今年6月10日一大早，我跨上摩托车，向漕涧北麓分水岭进发，来一次人间天堂——志奔山九十九塘“自驾游”。

沿着228省道行驶十余公里到了“金月亮”志奔山进山公路岔路口，过木材检查站关卡，进入志奔山进山林区公路。在茂密的森林掩蔽下如绿色隧道般的志奔山公路上穿行，虽然路况很糟行驶艰难，不时有凹凸坑洼的乱石坡陡路段拦在前面，但在这样的路上行驶却不觉得怎么累。原因是沿途绿树掩映、遮天蔽日、空气清新、凉爽怡人、鸟语花香、知了鸣唱，令人心旷神怡，充满“蚕噪林逾静，鸟鸣山更幽”的意境。随着海拔的提升，气温逐渐变得更加凉爽，置身其中，令人忘却炎炎夏日的奇热难耐。我在这样充满迤逦景致的林荫道上走走停停拍拍，不放过任何一个美景，把每一处美景定格在数码相机记忆卡中。不知不觉约行驶10公里的山路便到达山巅，前方一个地毯似的草甸展现在眼前，那就是人间天堂——志奔山九十九塘。

志奔山九十九塘，其实是个面积两三千亩的高山草甸和湿地，它似巨大的绿地毯铺在山巅。记得20多年前的志奔山九十九

塘，草甸上星罗棋布地分布着大大小小的众多水塘，在蓝天白云的倒映下似巨大的绿地毯上镶嵌着无数晶莹剔透美丽的蓝宝石。其中最大的水塘叫作“龙潭”，深不可测，位于草甸偏西部，是传说中志奔山龙王的龙宫所在地。相传，此龙潭水质十分清澈，潭面上有一对翠鸟，是龙王的玉鸟，专门负责潭面的清洁。只要有竹叶、树叶、枯草等落在潭面上，这对翠鸟就及时将其衔去，因而潭面总是常年清洁如明镜。当太阳挂在高黎贡山之巅，落日余晖倒映在潭中，整个潭面金波粼粼，人们谓之“金潭子”。每月上旬月似牙，倒映在另一个潭子中，于是人们称之为“金月亮”，这便是漕涧分水岭地名“金月亮”的来由。如今，众多水塘已“九九归一”，取而代之的是个面积百余亩的高山小湖泊，湖光山色，波光粼粼，美不胜收。其他一些水塘也因今年大旱而干枯，仅仅留下些小坑坑。草甸边缘坐落着几座被茂密森林古木覆盖的小山包，一座挨着一座，蜿蜒起伏。草甸上有正在吃草的牦牛群，有正在相互追逐嬉戏的马群，有席地而眠正在“午休”的羊群，天空中有展翅翱翔蓝天的雄鹰，湖面上鹅群 “红掌拨清波”……它们自由自在无拘无束，如此景致俨然是人间天堂和动物乐园。身临此境，犹如来到世外桃源，令人心旷神怡，浮想联翩，尘世间的一切烦恼抛之脑后。此时此刻，我想起了漕涧镇已故的德高望重的八旬老人李操老先生曾经给我讲述过关于志奔山龙王的典故。

“志奔山龙王与马翰林的故事”，相传，志奔山有一位土著山民首领名叫字本源，清乾隆年间，有一年他进京朝拜乾隆皇帝，恰好同乡马锦文也进京续职，他们两人同行。（据《云龙县志》载：“马锦文，字梅阿，云龙县大井村人士，生有异质，聪明绝伦，登乾隆丁卯科举人，壬申科进士授翰林院检讨，山东道监察院掌管，广西监察御史，署户科给事中，为内廷行走，兼巡视东城，敕授奉直大夫，为官清正，刚直不阿。”）经马翰林引见朝拜乾隆皇帝，马锦文向皇帝奏介：字本源是来自

志奔山九十九塘

万里之遥的云南云龙县土著山民首领，并向皇帝敬献珍稀土特产。乾隆皇帝大加赞赏，令字本源在京游玩几日，欣赏京城美景。字本源奏道：小民所在地志奔山龙潭有九十九条小龙，专司漕涧地区雨水，要回去照管它们，及时行雨，泽被黎民。皇帝听了很高兴，并封字本源为志奔山龙王。两人离京，马翰林欲回乡探亲祭祖。字本源回志奔山执掌龙王事宜。字本源邀请马锦文来志奔山游玩，马锦文应邀同往，在漕涧坝子东北边森林茂密的一个坡台上相会。后人把他们相会的地方取名为“马会坪”，简称“马会”。字本源还写了一张铺山照（地契），将固东坪一带大片领地赠予马翰林。

“大旱不过五月十三。”漕涧古镇庙宇道观众多，如玉皇阁、王母寺、三崇庙、关王庙、山神庙等等，唯独没有龙王庙。传说中，漕涧黎民崇拜的是志奔山九十九塘龙王，它住在志奔山龙宫里，所以没有建庙。自古以来，漕涧雨水特多，被人们戏称为“天屁股”，偶尔天旱，但大旱不过五月十三。因为这一天是关羽单刀赴会的日子，关老爷要用水磨刀，龙王必定施雨的。如果过了五月十三仍未下雨，人们就要向志奔山龙王求雨。传说中志奔山龙王与漕涧阿昌族首领是“打老友”（结为挚友），龙王赠予他一匹小铜马和一道咒语，告诉他如果需要雨水就在苗丹村后祈雨山上祭起小铜马念咒语。祈雨贡品为鸡、鸭、鹅、羊、猪各一只，由成年男子和男童参加，女性不得参与。主祭人捉来一只青蛙，用铜锣盖起来供在祭台上，上香磕头念咒语。为何用青蛙呢？传说中青蛙是龙王的部属，要它去向龙王禀报求雨的消息。祭毕，所有参祭人员吃祭品，吃剩的就地倒掉，然后回家。回家途中，男童们要脱掉衣服，在身上抹满烂泥，跑到田地里去，边跑边大喊大叫：要下雨了，要下雨了……众人也附和着大喊大叫：要下雨了，要下雨了……祈雨还真灵验。

顺着九十九塘边缘公路西行一里多，到了当年最繁华的地带——“小香港”，昔日的屋舍店铺“街道”已无影无踪，荡然无存。遗址上长满了密密麻麻绿油油的土大黄，吃饱喝足的黄牛群慵懒地在上面睡觉。远方怒江州地界内山坡上尚有一个选厂伫立在那里，蓝蓝的屋顶，自上而下依山坡就势而建，格外醒目。

虽然这里失去了昔日的繁荣甚至了无人烟，但我认为这未必是坏事，对于志奔山生态的恢复和环境保护大有裨益。

后 记

2015年7月，大理州委、州人民政府决定编撰一套“文化大理”丛书，并要求各县市将丛书编撰工作列为州庆60周年的献礼工程。云龙县委、县政府接受任务后，高度重视《文化大理·云龙》的编撰工作。迅即组成了以县委书记段冬梅，县长李郁华为总策划的丛书编撰组织机构，并由县委常委、县委宣传部部长张伯川担任《文化大理·云龙》主编，县人民政府副县长张劲松任副主编，各相关部门负责人担任编委。

在《文化大理·云龙》编委会领导下，以县委宣传部、县文学艺术界联合会承头，组织了编辑工作团队。经过几个月的艰苦努力，编辑团队完成了《文化大理·云龙》三大主块共30个专题的文字编辑工作，并收集摄影图片等资料295张。这些文字和图片基本上比较全面地反映了云龙的历史、物质和非物质文化遗产、自然山水风光和地方特色产品，是近年来云龙地方出版作品当中较为全面的成果之一。

编写《文化大理·云龙》是为全面贯彻落实党的十八大精神，推动全县文化事业繁荣发展，进一步弘扬优秀传统文化，以挖掘和展示一个地方的自然地理、历史遗传、民族风情、文化艺术、人文精神等，我们力求该书能成为一张高品位、全景式、权威性的云龙名片。但由于编写团队的水平能力有限，更由于时间比较仓促，该书存在不足之处在所难免，谨在此希望广大读者提出宝贵的意见和建议，以便今后进一步修订完善。

《文化大理·云龙》编委会